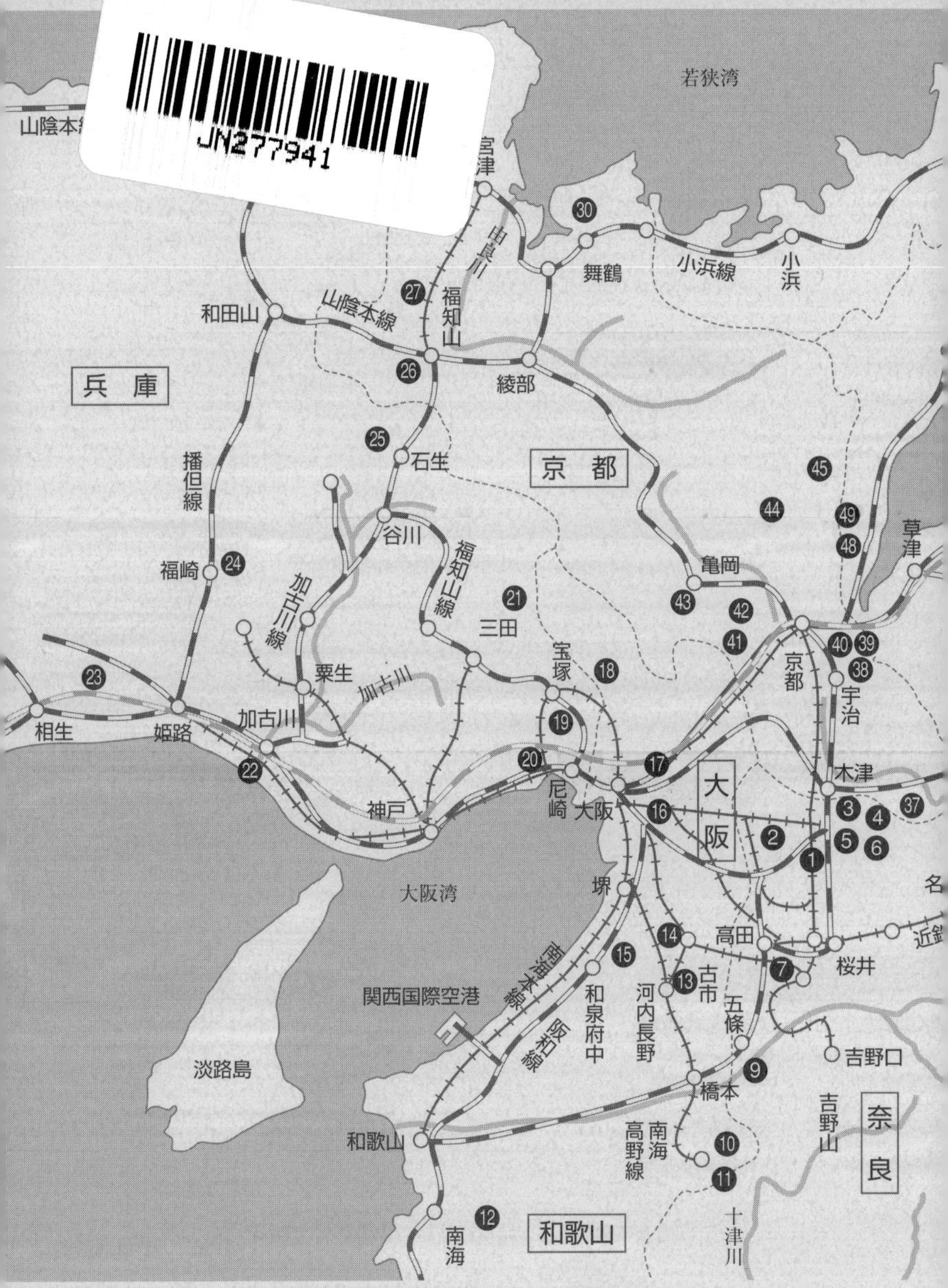
若狭湾
山陰本線
宮津
由良川
舞鶴
小浜線
小浜
和田山
山陰本線
福知山
綾部
兵庫
播但線
石生
京都
谷川
福知山線
加古川線
福崎
亀岡
三田
草津
宝塚
京都
宇治
粟生
加古川
相生
姫路
加古川
尼崎
大阪
木津
大阪
神戸
大阪湾
堺
高田
桜井
近鉄
名
南海本線
古市
関西国際空港
和泉府中
河内長野
五條
吉野口
阪和線
淡路島
橋本
吉野山
奈良
南海高野線
和歌山
南海
和歌山
十津川
1
2
3
4
5
6
7
9
10
11
12
13
14
15
16
17
18
19
20
21
22
23
24
25
26
27
30
37
38
39
40
41
42
43
44
45
48
49

新版 西国四十九薬師巡礼

西国四十九薬師霊場会・編

序にかえて

巡礼は人生の癒しの場

西国薬師霊場会会長寺院　法相宗大本山薬師寺　長老　安田暎胤

仏教は釈迦牟尼世尊（略して釈尊）の説かれた教えであり、仏に成る教えです。仏とは理想的な人格を自覚し身に付けた人です。仏になられた釈尊の教えを、後世の人々によって編纂されたものが経典です。教えを法ともいい、教法に従って修行する人が僧です。仏教はこの仏と法と僧を三宝として篤く敬い生活実践する宗教です。

釈尊が涅槃に入られてから、すなわち仏滅後五百年あるいは千年の間は正法の時代といい、教えに従って修行をして仏になる人がおられました。しかし、その後の千年間は像法の時代といいます。この時代は、法と僧があって仏がおられなくなります。次の末法の時代になると、法だけあって、僧もいなくなるのです。仏がおられなければ仏を信仰することができなくなります。『薬師経』によりますと、像法の時代に出現され衆生済度のお働きをしてくださるのが薬師如来であると書かれています。

薬師如来を正式には薬師瑠璃光如来といい、日の出る東方の世界である浄瑠璃浄土の教主で、この世にわれわれを送り出してくださった仏様です。脇侍に日光菩薩と月光菩薩、眷属《けんぞく》に十二神将がおられます。その十二神将はそれぞれ七千の兵を率いて、この世の衆生を守護するお働きをされています。阿弥陀如来は日の没する西方の世界である極楽浄土の教主ですが、薬師如来はその西方極楽浄土まで同行してくださるのです。

奈良時代の日本人は、中国に対して対等の国を造ろうとする意気込みがありました。そのうちに、日本は東の端にあるので、日本こそ浄瑠璃浄土であるとする意識が働き、薬師信仰が盛んになったのではないかと思います。

薬師如来は十二の大願をもって、悩める人々を救おうとされています。中でも第六と第七の大願は病気平癒です。人々はその大願のお慈悲に関心を寄せ、薬師如来を祀る寺院を造立するようになりました。

この現代、医学は目覚しく進歩し、以前ならば命を落としていたような病気も治せるようになりました。また物質文明が豊かになったためか、薬師如来への信仰心や感謝の念が希薄になってきました。そこには人間の力を過信した慢心や驕りがあるように思います。謙虚なお医者さんほど、人間の生命や肉体や心については、まだまだ未知の分野が多いといわれます。人事を尽くしてなお及ばぬところは、薬師如来のお慈悲を素直に信じればよいのではないかと思います。ひたすら薬師如来の尊号を称《とな》えるうちに、不思議な体験を得られた方もあります。また、お医者さんの治療を受けながらも、お医者さんを薬師如来の身代わりという気持ちで療養されることも大事なことかと思います。天地自然をはじめ、色々なものに生かされていることに、感謝の念を忘れて、幸せはありません。

今日のような時代であるからこそ、人々に宗教心の必要性を強く感じるのです。しかし、一寺院だけで努力するよりも、より多くの寺院の協力のもとに布教できれば、その影響力は大きいものがあります。そこで薬師信仰を中心に布教されている寺院の中から、四国の八十八箇所霊場や、西国三十三観音霊場に学び、関西を中心に四十九の薬師霊場を開設しては、という声があがりました。四十九の数は『薬師経』の中に、四十九日の間、四十九の燈明をともし、四十九の幡を立てて供養すると、病気平癒などの願が成就するという教えに因んだものです。

薬師霊場の設立は、すでにいくつかの霊場を開設された経験のある「古寺顕彰会」の下休場由晴会長（平成十五年に逝去）に依頼しました。古寺顕彰会では二年間にわたり調査をされ、四十九の寺院を選択し、各寺院の同意も得られました。寺院選択の条件としては、

薬師如来が本堂の本尊であるか、または別堂に本堂に準じて祀られていること、

信仰が定着していること、

交通の便がよくバスで近くまで行けること、

古い歴史的由緒のあること、

寺の景観がよく、清浄観があること、

宗派にとらわれないこと、

大阪、京都、滋賀、兵庫、奈良、和歌山、三重の範囲とすること、

などでした。
合意した寺々が平成元年七月三日、大阪に集まり、「西国四十九薬師霊場会」が結成されました。そして平成の年号に合わせ、元年から発足したいという強い信念で、同年十一月十四日に法相宗大本山薬師寺金堂の宝前で、霊場開白法要が盛大に厳修されました。

その後は、毎年一回会場《えじょう》を変え、全霊場寺院が結集し、合同法要を厳修してまいりました。また、平成十五年には十五周年を記念し、薬師寺大講堂落慶の慶讃を兼ね、三月二十九日より四月二日までの五日間にわたり、薬師寺の回廊を利用して四十九霊場の出開帳をいたしました。これからも二十周年、二十五周年と大法要を重ね盛り上げていかねばと思っています。

その一環として、霊場寺院一同が初心に帰り、前に出版されていた『西国四十九薬師霊場巡礼』を全面的に改訂する運びとなりました。

仏教は縁を大事にします。今あなた様がこの書物に出会われたのも一つの仏縁です。ぜひこの書物をもとに、四十九の霊場を巡礼してください。必ず薬師如来のご加護を感得されるものと信じます。旅は人生の学び舎です。巡礼は人生の癒しの場です。

巡礼される人々に、福寿を長遠に垂れ給わらんことを請い願い奉ります。

南無帰命頂礼楽音樹下正法教主釈迦如来

南無帰命頂礼浄瑠璃浄土薬師瑠璃光如来

オン　コロコロ　センダリ　マトウギ　ソワカ

新版 西国四十九薬師霊場巡礼

目次

装丁＝森本良成
本文イラスト＝三好吉成

第1番 瑠璃宮《るりのみや》 薬師寺《やくしじ》 法相宗大本山

〒630-8563 奈良市西ノ京町457 電話0742(33)6001(代) FAX0742(33)6004 http://www.nara-yakushiji.com

本尊●薬師如来、日光菩薩、月光菩薩 発願●天武天皇 開創年●天武八年（六八〇）

●御詠歌● くすりしは つねのもあれど まらひとの いまのくすりし たふとかりけり めたしかりけり

薬師寺創建

大海人皇子《おおあまのおうじ》は壬申《じんしん》の乱の戦いに勝利をおさめ、飛鳥浄御原《あすかきよみはら》宮に第四十代天皇として即位されました。そして天武八年（六八〇）、ともに苦難を乗り越えてこられた最愛の妻である皇后の病気平癒を祈願し、藤原京において建立を発願されたのが、薬師寺の始まりです。それから七年後、薬師寺の完成を見ることなく、天武天皇は亡くなられました。亡夫の遺志を受け、続いて即位された皇后（第四十一代持統天皇）は、薬師寺七堂伽藍を文武二年（六九八）に完成されました。平城遷都にともない、養老二年（七一八）に現在地に移されました。

その後いく度かの盛衰を繰り返し、享禄元年（一五二八）、兵火により金堂・講堂・中門・西塔・僧坊・回廊等のことごとくが焼失しましたが、近年お写経行者の功徳により、金堂・西塔・中門・回廊が復興され、伽藍内最大の建造物である大講堂が平成十五年（二〇〇三）に落慶しました。

薬師三尊（国宝）とは、中尊の薬師如来と脇侍の日光菩薩・月光菩薩の総称です。薬師如来は医王如来ともいい、医薬兼備の仏様。欲が深くて、不正直で、疑り深くて、腹が立ち、不平不満の愚痴ばかり、これもまた病気です。応病与薬の法薬で、苦を抜き楽を与えてくださる抜苦与楽の仏様。だから人々に仰がれ、親しまれ、頼られていらっしゃるのです。薬師寺の伽藍は、薬師三尊を安置している金堂を中心に東西両塔を有する白鳳伽藍です。東塔（国宝）は一見六重に見えますが、実は三重の塔です。各層に裳階という小さい屋根をもち、「凍れる音楽」という愛称で親しまれています。玄奘三蔵院は、玄奘三蔵のご頂骨を祀り、平山郁夫画伯が三十年の歳月をかけて壁画奉納され、絵身舎利としてお参りいただき、玄奘三蔵のご遺徳顕彰をいたしております。

●主な年中行事　一月一日〜十五日修正会（吉祥天女画像特別開扉）　三月三十日〜四月五日修二会花会式　五月四日最勝会　五月五日玄奘三蔵会大祭　八月十三日〜十五日盂蘭盆会　十月八日天武忌　十月八日〜十一月十日吉祥天女画像特別開扉　十一月十三日（隔年）慈恩会　毎月五日玄奘三蔵縁日　毎月八日薬師縁日・写経会　毎月第三日曜弥勒縁日・写経会

●拝観料　大人五百円、中高生四百円、小学生二百円
玄奘三蔵院伽藍公開時（要問い合わせ）大人八百円、中高生七百円、小学生三百円

感謝の心

薬師寺 執事長　村上太胤

薬師寺の最大行事を「花会式《はなえしき》」といいます。正式には「修二会薬師悔過」といい、春三月三十日から四月五日までの一週間行われます。薬師如来を十種類の造花で飾るところから、花会式また造花会とも呼ばれてきました。薬師如来が一番輝く、華やかな季節《とき》です。

この時期は、ちょうど春休みにあたり、全国から奉仕の若者が集まってきます。薬師如来の体を清めるお身拭いや、造花を飾る花さしなど、行事の準備を手伝ってくれるのです。朝は三時から法要があり、昼は千人、二千人という参拝客への昼食のお接待など、体力的には大変厳しい日程ですが、みんな生き生きと奉仕をしてくれています。若者の宗教離れが叫ばれる昨今ですが、若者は本来、純粋であり行動的です。何も知らない若者でも、薬師如来の前で朝三時のお勤めに出ていると、その荘厳さに自然と手を合わせるようになります。

仏壇のない家庭が増えてきて、生活の中で手を合わせることも少なくなってきました。心から感謝することや、「有難う」という言葉も形だけになりがちです。人間の幸せはお金や物だけではないはずです。幸せとは、感謝する心の中にこそ生まれてくるのではないでしょうか。こういう時代だからこそ、家族皆が手を合わせて、感謝する心を持つことが一番大事なことだと思います。

道順

〈徒歩〉近鉄奈良線または近鉄京都線の西大寺駅で近鉄橿原線に乗り換え、二つ目、西ノ京駅下車すぐ。〈自動車〉阪奈道路二条大路南5で南折、数分。西名阪郡山ＩＣより国道24号線を北上、柏木町で左折。薬師寺の南側に有料駐車場あり。

〈付近の名所〉唐招提寺　大安寺　西大寺　平城宮跡　がんこ一徹長屋　レストランＡＭＲＩＴ

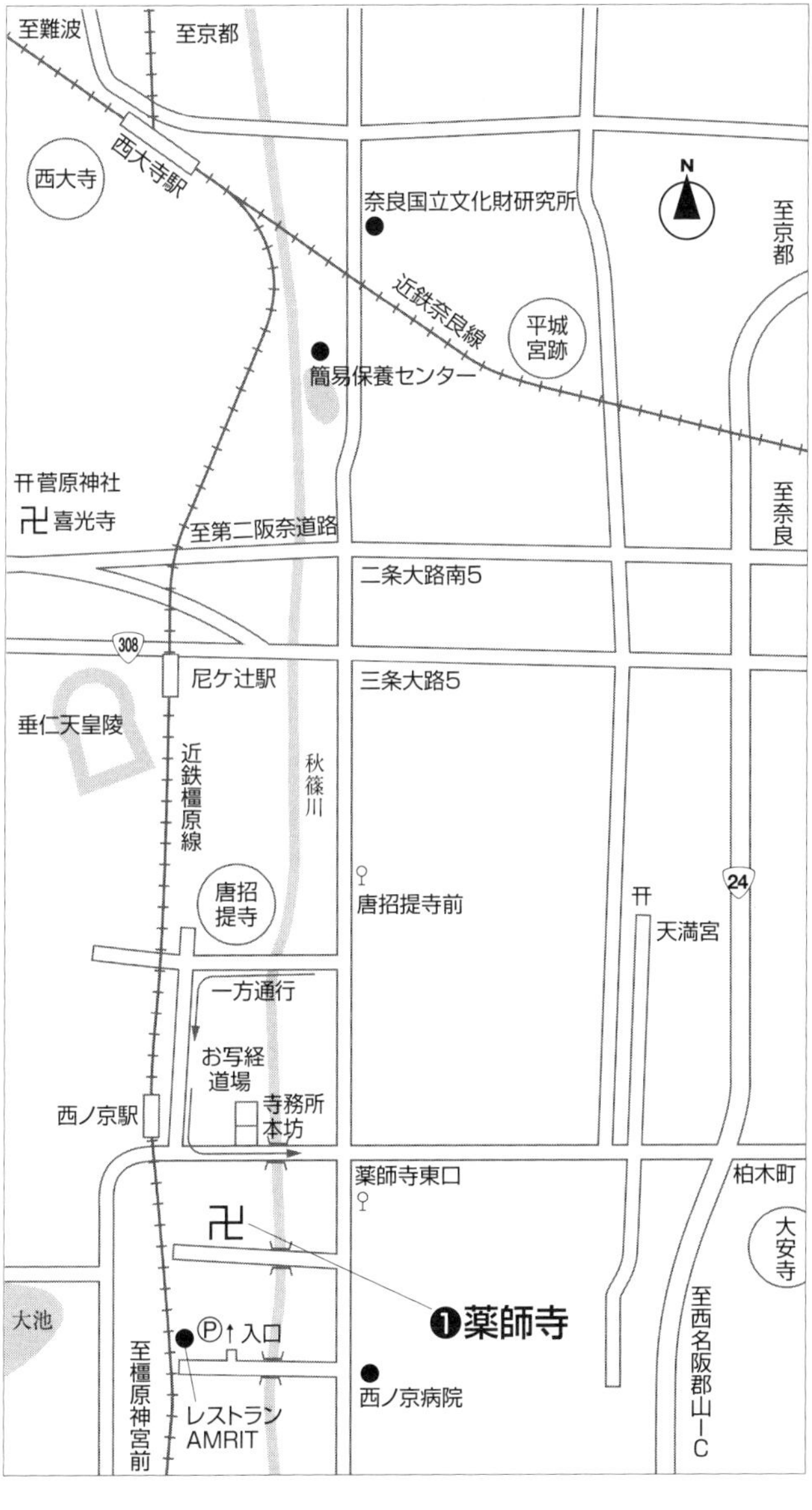

第2番　登美山鼻高《とみやまびこう》　霊山寺《りょうせんじ》

霊山寺真言宗大本山

〒631-0052　奈良市中町3879　電話0742(45)0081(代)　http://www.ryosenji.jp/　Email info@ryosenji.jp

本尊●薬師如来、日光菩薩、月光菩薩　開山●行基菩薩およびインド僧菩提僊那　開創年●天平八年（七三六）

●御詠歌●　諸人の　なやみを除く　薬師さま　祈りあらたか　鼻高の里

薬湯と薔薇《ばら》の寺

霊山寺のある富雄《とみお》の里は、古事記には登美、日本書紀には鳥見の地とあります。敏達天皇（五七二〜八五）の頃は小野氏の所領でした。右大臣小野富人（小野妹子の息子と伝わる）は壬申の乱にかかわったため、弘文元年（六七二）官を辞し、登美山に閑居しました。天武十二年（六八四）四月五日より二十一日間熊野本宮に参籠。この間に薬師如来を感得し、薬草湯屋を建て、薬師三尊塼仏《せんぶつ》を祀って諸人の病を治されたのです。世人は富人を鼻高仙人と称し崇敬しました。

神亀五年（七二八）流星が宮中に落下し孝謙皇女が病に臥したとき、鼻高仙人が聖武天皇の夢枕に立たれ、「湯屋の薬師をお祀りすれば旬日以内に病を治す」というお告げがあり、行基が代参祈願したところ平癒。天平六年（七三四）聖武天皇は行基に大堂の建立を命ぜられ、天平八年（七三六）来寺されたインドの婆羅門僧菩提僊那《ぼだいせんな》は、登美山の地相がインドの霊鷲山《りょうじゅせん》に似ており、寺の名を霊山寺とするよう奏上、聖武天皇から「登美山鼻高霊山寺」の称号が贈られ、落慶しました。

北条時頼公や徳川家康公も厚く帰依され、寺領の寄進・知行の下付があり、特に江戸時代には幕府の御朱印寺として栄えました。明治維新の廃仏毀釈により規模は半減しましたが、今なお国宝の本堂をはじめ重文建物五棟、重文仏像什宝物三十余点を所蔵しております。

弘仁年間（八一〇〜一二三）に弘法大師が来寺され、登美山に龍神様がおられると感得。奥の院に大辯財天女尊を祀られました。昭和四年（一九二九）、先代住職の奥方に辯財天の霊験が宿り、数々のお告げによって多くの信者を導き、昭和の中興を果たしました。昭和十二年（一九三七）には鼻高山に三万坪の大霊園を開設しました。また先代住職の戦争体験の反省から昭和三十二年（一九五七）に造られた薔薇庭園は、平和への祈りと人生の輪廻をテーマとしており、二百種類二千株の色とりどりの薔薇を見て、心の安らぎを感じていただければ幸いです。

●主な年中行事　一月一日〜三日修正会　一月七日大辯財天初福授法会　四月十七日春季護摩法要　五月第三日曜日薔薇会式・えと祭り　八月二十二日地蔵盆踊花火大会　九月十五日柴燈護摩法要　十月二十三日〜十一月第二日曜日　秘仏宝物展

●宿泊・休憩施設　宿泊施設あり。会食、会議八十人まで可。要予約。お食事処「仙人亭」あり。（四八—三〇七七）

●入山拝観料　五百円、五十人以上の団体割引あり。薔薇開花時六百円。

豊かな自然に育まれて

霊山寺住職　東山光師

霊山寺は矢田丘陵の豊かな自然の中にあります。私が子どもの頃はひと冬に二、三回は三十センチほどの雪が積もりました。裏の藪で竹を切り、縦に割って先を火であぶって曲げ、スキー板を作って境内の坂を滑ったものでした。桜の花が咲く頃には、湯屋川の上流までヨメナやミツバを取りに行きました。六月には川べりで蛍を追いかけるのに夢中になっていると、突然ヘビが現れてびっくり。取った蛍を暗くした部屋に放していつまでも飽きずに見ていました。

一番楽しい季節はやはり夏です。学校から帰るとランドセルを放り出してセミを素手で捕まえる競争をしたり、鼻高山のクヌギ林にたくさんいたカブトムシを捕まえたり。湯屋川の石を動かしサワガニとりにも夢中になりました。秋祭りの頃には山へ松茸やシメジを取りに行かされました。みんな懐かしい思い出ばかりです。

これもすべて豊かな自然があればこそ。自然はさまざまなことを幼い心に教えてくれ、豊かな感性を育んでくれるのです。しかし環境破壊の進んだ現代では自然が様変わりしてしまい、もう昔のように遊ぶことはできません。それに伴って人の心も荒れ、両親、祖先を敬う精神が失われつつあります。

こうしたことはいずれも、その生命の流れをよく自覚していないことから起こってくるのでしょう。私たちの身体を流れている血液は、両親、祖父母を通して遠い昔から生き続けています。いわば宇宙の大きな流れの中に輪廻転生して生きているのです。そう考えて日々暮らしていれば、「人は自分ひとりの力で生きているのではなく、いろんなものに生かされている」ことに気づき、祖先に感謝する気持ちも自然にわいてくるように感じます。

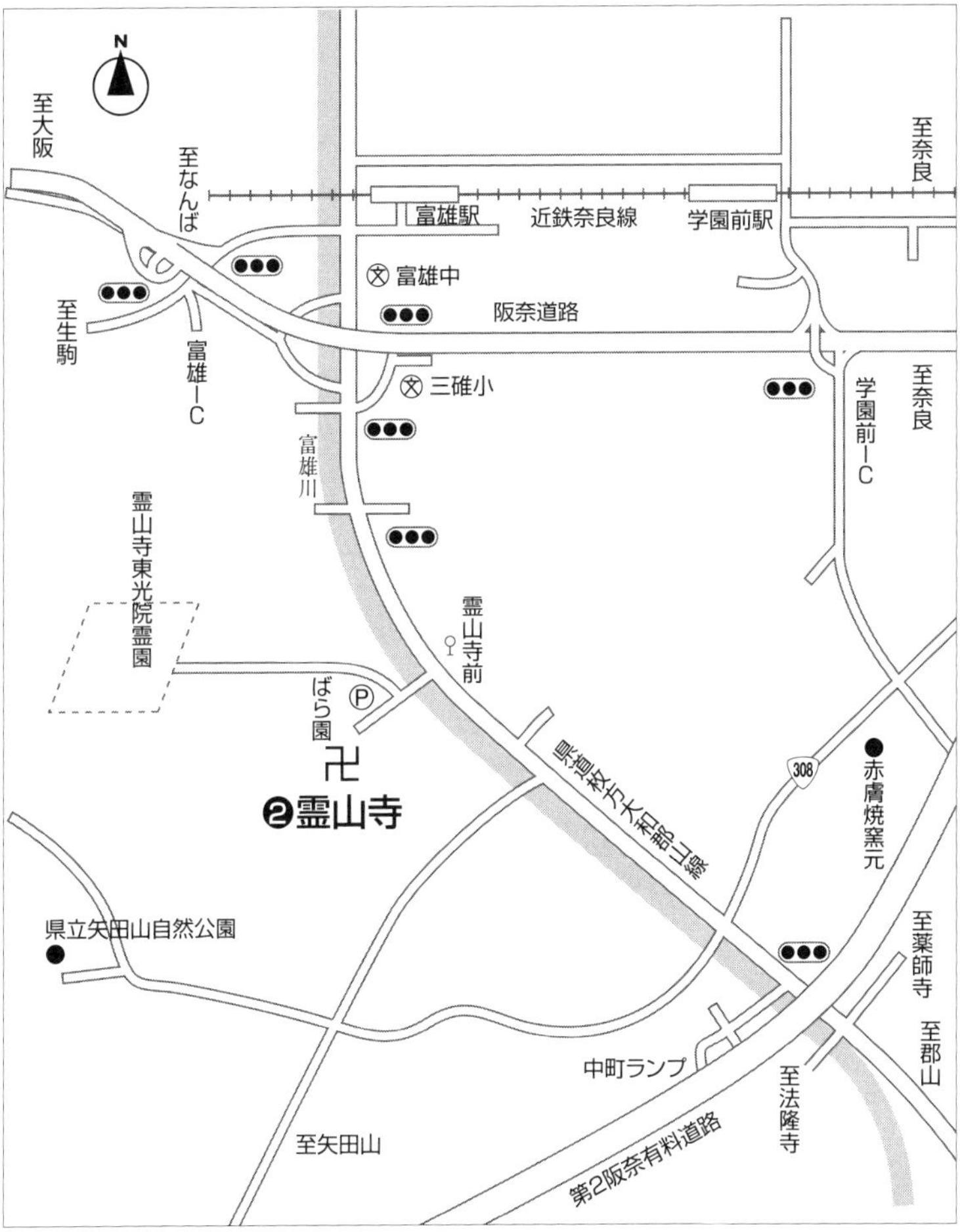

道順 **〈徒歩〉** 近鉄奈良線富雄駅から奈良交通バスで「霊山寺前」下車。富雄駅からタクシーの便あり、約7分。**〈自動車〉** 阪奈道路の三碓《みつがらす》ゲートから、県道・枚方大和郡山線に入り、南へ約5分。第二阪奈有料道路「中町ランプ」より県道を北へ約5分。乗用車200台、バス30台の無料駐車場あり。

〈付近の名所〉 高山茶筌の里　赤膚焼窯　県立矢田山自然公園

第3番 法性山《ほっしょうざん》 般若寺《はんにゃじ》 真言律宗　通称・花の寺、コスモス寺

〒630-8102 奈良市般若寺町221 電話0742(22)6287

本尊●文殊菩薩、十三重大石塔、東面薬師如来　開山●高句麗僧慧灌《えかん》　開創年●舒明天皇元年（六二九）

●御詠歌●み仏の　めぐみもふかき　般若台　ももの願ひを　かなへ給はむ

一年中花が美しい花の寺

飛鳥時代、舒明天皇の元年（六二九）に高句麗から渡来した慧灌法師が般若台を始めたのが、この寺の草創です。その後、聖武天皇が当寺に大般若経を奉納して、民心の安定と平城京の繁栄を願い、定額寺としました。平安時代には、観賢僧正がこの寺に住み、再興するとともに、学僧千人を集めて学問道場としました。それ以後、学問寺として名声は天下に知れわたりました。

しかし源平の争乱に巻き込まれ、東大寺や興福寺とともに、治承四年（一一八〇）十二月二十八日、平重衡《たいらのしげひら》の南都攻めによって伽藍はすべて灰燼に帰し、礎石のみが草むらに散在する悲運となりました。

鎌倉時代に入り、民衆の信仰が十三重石塔の造営に結集され、宋の石工、伊行末《いぎょうまつ》の手で建長五年（一二五三）頃完成。続いて良恵上人によって、金堂（本尊文殊菩薩）、講堂（本尊薬師如来）等が復興造営されました。さらに西大寺長老叡尊《えいそん》和上の導師で文殊像の開眼法要が行われた文永四年（一二六七）には諸堂が整い、壮観を極めました。

病人の救済施設、北山十八間戸も経営し、智恵の文殊、学問の仏だけでなく、心身の安らぎと病気平癒の薬師、即ち衆生済度、幸福増進をもたらす霊場として信仰を集めました。

その後、室町戦国期による衰微、江戸期の復興、明治の排仏と栄枯盛衰を経ながら、常に自利利他

（己を高め他を助ける）の菩薩道精神を法灯にかかげ続けているのです。

別名花の寺といわれ、十二月～一月は水仙、四月は山吹、六月～七月は早咲きコスモス・あじさい、九月～十月はコスモスが満開となります。

十三重大石塔（重文）は、仏舎利（釈尊の遺骨）をまつる卒塔婆（梵語のスツーパ）で、寺の中心であり、規模の大きさ、荘重美、四方四仏と日本の代表的石塔です。四方仏は薬師（東）、阿弥陀（西）、釈迦（南）、弥勒（北）の顕教四仏です。

●主な年中行事　三月下旬の日曜日中興良恵上人忌　四月二十五日文殊会式　七月七日弁財天まつり　十二月三十一日除夜の鐘　毎月二十五日文殊縁日

●拝観料　大人五百円、中高生二百円、小学生百円、小学生未満無料、三十人以上の団体は大人四百円。

お薬師さまの慈悲行

般若寺住職　工藤良任

般若寺の近くに北山十八間戸という一棟の長屋があります。これは鎌倉時代に西大寺の僧であった良観上人忍性が、ハンセン氏病の患者を救うために建てられた病院施設です。現在の建物は江戸の再建ですが、日本最古の病棟ということで国の史蹟に指定され大切に保存されています。

伝説では、奈良坂にいた一人の患者は手足がひきつって歩行不自由でした。乞食にも出られず、食物も満足に得られず困っていました。忍性さんはこれを憐れんで毎朝その患者を背負って市に連れていってやり、夕方にはまた家に連れ返り、手ずから身体を洗うなど手厚く看病してあげました。この患者は臨終の際、師に感謝して「再びこの世に生まれ、師の恩徳に酬いたい」と言い残しました。果たして後日、弟子の中に瘡のある人でよく師につかえ、身のお世話をする者があったと言い伝えています。

般若寺の復興にも尽力された忍性さんは、その後鎌倉へ行き極楽寺を開山されました。そして橋を架け、道をつくり、港をひらくなど土木事業を興して人々の生活を利益《りやく》し、病人や貧しい人々の救済をはかり、社会奉仕活動に一生を捧げられました。人々は忍性さんを医王如来（薬師如来の別名）、生身の如来と称しあがめたそうです。仏教では生きとし生けるもの、一切衆生への愛を慈悲といいます。慈悲こそ仏さま、お薬師さまの根本精神です。お薬師さまと同じ慈悲行に生きられた忍性さん、その徳をたたえ忍性菩薩と申し上げています。

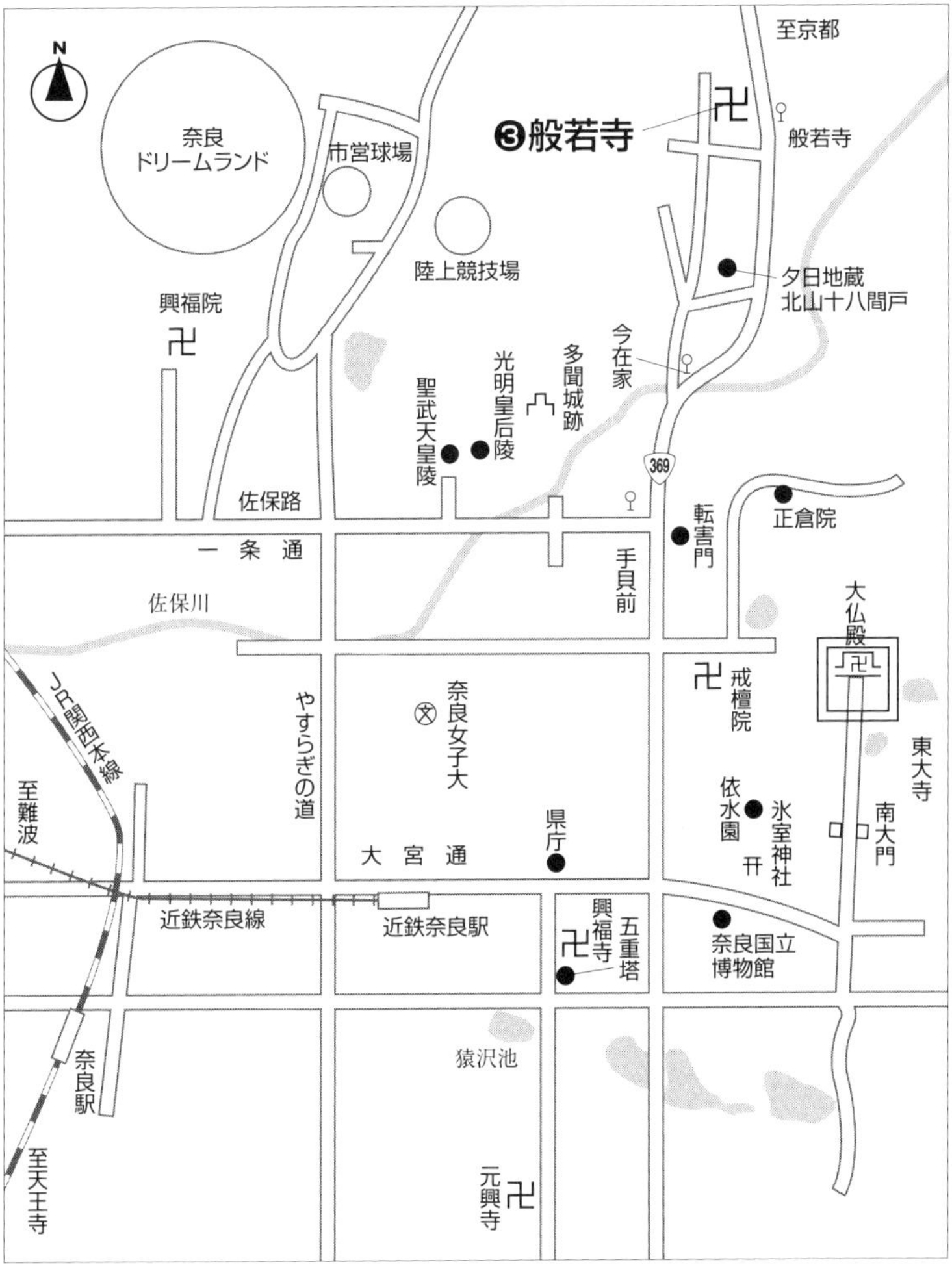

道順　〈徒歩〉ＪＲ奈良駅または近鉄奈良駅より青山住宅行バスで「般若寺」下車すぐ。〈自動車〉国道369号線の般若寺前を西に入り、右折右側、駐車場あり。〈付近の名所〉東大寺　依水園　興福寺　元興寺　不退寺　浄瑠璃寺

第4番 興福寺《こうふくじ》 東金堂《とうこんどう》

法相宗大本山

〒630-8213 奈良市登大路町48 電話0742(22)7755 FAX0742(23)1971

本尊●薬師如来 開山●本願 藤原不比等 開創年●和銅三年（七一〇）

●御詠歌● さるさわの いけのほとけの てらにはに るりのひかりは あまねかりけり

興福寺の歩み

興福寺は、和銅三年（七一〇）の平城京遷都にともなって、当時右大臣であった藤原不比等が、飛鳥藤原京の前身寺院を都が一望できる現地に移建したことにはじまります。その後も、平安期にかけて皇族や藤原摂関家の庇護のもと、東金堂、五重塔、西金堂、東院諸堂、南円堂などの堂塔が建立され、壮麗な伽藍が整備されました。

神仏習合思想が進んだ保延元年（一一三五）には春日若宮社を創設し、春日社の祭祀権を掌握して大和一国の領有を確立しました。治承四年（一一八〇）には、平重衡の南都焼討ちにより伽藍は灰燼に帰しますが、鎌倉期に入ると康慶・運慶などの巧匠仏師たちが活躍し、当時の寺宝が数多く伝えられています。往時を凌ぐほどの復興造営は、奈良町発展にも大きな影響を与えました。

織豊の時代には寺社領の大削減が行われましたが、文禄四年（一五九五）の検地では、春日社興福寺の知行は二万一千石と定められ、以後徳川幕府もこれを踏襲し、幕末まで維持されました。

興福寺は創建より度々の被災と再建を繰り返しましたが、享保二年（一七一七）の大火で、講堂・僧房・中金堂・回廊・中門・南大門・西金堂・南円堂を焼失しました。その再興は困難を極め、堂宇すべてを復することなく明治維新を迎え、明治政府の神仏分離令による廃仏毀釈でさらに瓦解の様相を呈しましたが、時を経た現在、復興の気運にめぐまれ、二〇一〇年の創建千三百年に向けて中金堂復興事業を推進しています。

薬師霊場の本尊の薬師如来坐像（重文）は、応永二十二年（一四一五）に再建された国宝の東金堂に安置され、堂内には日光・月光菩薩像（重文）のほか、文殊菩薩、維摩居士、十二神将、四天王像（いずれも国宝）がお祀りされています。また、北隣の国宝館には、旧東金堂本尊の仏頭や阿修羅像が安置され、彫刻、絵画、工芸品、古文書などが一般に公開されています。

●**主な行事**　二月節分追儺会（東金堂）　二月十五日涅槃会（本坊）　四月八日仏生会（南円堂）四月十七日放生会（一言観音堂）　四月二十五日文殊会（東金堂）　五月十一・十二日薪御能（南大門跡）　七月七日弁才天法要（三重塔）　十月第一土曜日塔影能（東金堂前庭）　十月十七日大般若転読法要（南円堂）十一月十三日慈恩会（仮金堂）　毎月第二土曜日午後一時興福寺仏教文化講座（興福寺会館・無料）

●**拝観料**　大学生以上三百円、中・高生二百円、小学生百円（興福寺国宝館＝大人五百円、中・高生四百円、小学生百五十円）いずれも三十名以上割引あり。

興福寺の薬師如来

興福寺貫首　多川俊映

猿沢池の南畔から見上げる五重塔の雄姿は、古都・奈良の代表的な景観であるが、その五重塔に隣接して薬師如来を本尊とする東金堂がある。

現在の東金堂および薬師如来坐像は、室町時代の応永二十二年（一四一五）の再興であるが、その草創は、むろん、奈良時代にさかのぼるものである。すなわち、神亀三年（七二六）、聖武天皇が叔母の元正太上天皇の除病延命を祈願されて、丈六の薬師三尊を造立発願されたことにはじまる。

この東金堂では、本尊の薬師如来を中心としてその左右に文殊菩薩と維摩居士が安置されていることに注目したい。豊満で若々しい文殊にたいして維摩居士は痩身老躯に彫出されており、衆生病む故にわれ病むという居士を文殊が見舞う「維摩経」問疾品の状景をよく表している。

興福寺の年中行事で、かつてもっとも盛儀をほこったのは維摩会であるが、その縁起の説として、藤原鎌足が斉明天皇二年（六五六）病をえた折から、百済の法明という尼僧を招いて維摩像を造顕し、維摩経を読誦せしめた。そして、この功徳により除病の験があったことにちなみ、同四年より年中行事として維摩経の講讃を行ったことによるといわれる。その維摩会は興福寺講堂を会場としたが、この東金堂でも平安時代・弘仁年間（八一〇〜八二三）に維摩・文殊両像が置かれるようになった。これは、興福寺の薬師信仰が維摩経がらみに展開したものの証左といえよう。

道順

〈徒歩〉近鉄奈良駅から歩いて5分。JR奈良駅から東へ歩いて15分。〈自動車〉国道369号線、または阪奈道路等で奈良公園に入り、奈良県庁より南へすぐ。有料駐車場あり。

〈付近の名所〉東大寺　春日大社　元興寺　猿沢池

第5番 元興寺《がんごうじ》 真言律宗 通称・極楽坊

〒630-8392 奈良市中院町11 電話0742(23)1377

本尊●智光曼荼羅(阿弥陀如来) 開山●聖徳太子・智光法師 開創年●崇峻天皇元年(五八八)・養老二年(七一八) 中興●興正菩薩叡尊

●御詠歌● 身のくもり 心のくもり とりはらう 薬師の光 あらたなりけり

わが国最初の本格的伽藍寺院の伝統

旧奈良市街の中心部「さるさわ池」の南方は、「ならまち」と呼ばれる古い町並みが遺《のこ》る地域です。その一画に世界文化遺産「古都奈良の文化財」のひとつに登録された元興寺があります。

元興寺は「佛法元興之場、聖教最初之地」と称されるように、わが国で最初の本格的伽藍寺院であった法興寺（飛鳥寺）を前身とします。法興寺は、崇峻天皇元年（五八八）、奈良県高市郡の飛鳥の地に、蘇我馬子や聖徳太子が中心となって、「佛法興隆」を願って開創された蘇我氏の氏寺でした。その後、大化改新等による蘇我氏の滅亡、律令制度の整備、積極的仏教政策が行われる中で、大寺に準ぜられ、藤原京の四大寺のひとつに列せられることとなりました。

和銅三年（七一〇）、平城京への遷都とともに、旧都の諸寺院が移されましたが、法興寺は、養老二年（七一八）に官大寺の元興寺として、この地に新築移転されました。すなわち、「古郷《ふるさと》の飛鳥《あすか》」と「平城《なら》の明日香《あすか》」が生まれ、飛鳥寺は「本元興寺」「新元興寺」の二寺並立となり、法興寺の呼称は元興寺に統一されていきました。元興寺の新たな大伽藍は、春日山系の西南台地、平城京の東（外京）、さるさわ池をはさんで興福寺の南に営まれました。金堂（弥勒仏）、講堂（薬師仏）、東大塔院（五重塔）、西小塔院（百万塔）、僧坊等からなる結構な伽藍は、鎮護国家仏教を象徴するもので、三論・法相を学問する場でもありました。

平安時代半ばまで、南都七大寺の重要な位置を占めた元興寺も、政治経済の変化により寺運が衰退し、伽藍・堂塔の解体・分散を余儀なくされましたが、霊場寺院へと変化しながら命脈を保つことができました。その中心が僧坊に遺された「智光曼荼羅」です。奈良時代の学僧智光法師が感得した極楽浄土図への信仰でした。後に「浄土三曼荼羅」の随一とされるこの図は、単に浄土教のみならず、密教や諸宗の教学上も注目され、僧坊は大改築されて、極楽堂（曼荼羅堂）、禅室（春日影向堂）となりました。室町時代以降は、真言と戒律を重んじる霊場となり、庶民の信仰の聖地とされてきたことを、多くの文化財によって知ることができます。

●**主な年中行事**　二月節分会柴燈大護摩供養　八月二十三日・二十四日地蔵会万燈供養

●**施設**　総合収蔵庫（国宝五重小塔・重文阿弥陀如来・聖徳太子・弘法大師など・重民中世庶民信仰資料一括）小子坊にて休憩可。

●**拝観料**　大人四百円、中・高生三百円、小学生百円

禅行

真言律宗　元興寺住職　辻村泰善

僧坊は宿舎と教室を兼ね備えたような存在であった。また禅定（瞑想）を重視したので禅室とも称す。この禅室で智光曼荼羅は生まれ、それを観想することによって、浄土往生を念ずる行がなされたのである。浄土往生とは、仏の世界に生まれ往くことであるが、それは、時間的には永遠を、空間的には無限を生きることなのだ。この理想を信ずるのが仏教でもある。

また一方で、山岳に分け入る行者は霊的自然の中で禅行し、太古（宇宙）と一体化することが浄土を実感することだと信じた。いずれも机上ではなく実際に行い我身において何かを観ようとしたのである。

仏教は、仏と成った釈尊の教え（智慧と慈悲）であり、法（真理）であると同時に、仏と成る道（菩薩道）を示すものでもある。

現世の病いや苦しみは、過去の行為の積み重ねによって出現し、この身を被い、来世を絶望へと妄想させる。しかし、仏と成る道を修行することによって、妄想を理想へと変えることができると信じよう。薬師瑠璃光、弥陀寂光、大日遍照と称される如く、仏の教え（誓願）は光となり、いのちとなって遍く一切に及ぼされていることに気付こうではないか。そして、自らもその光といのちを受けて、発光体となっていることを自覚しなければならない。

現代では、霊場を巡ったり、ひとときを観想のために費やすのも、有難く、有効な仏道の禅行なのである。

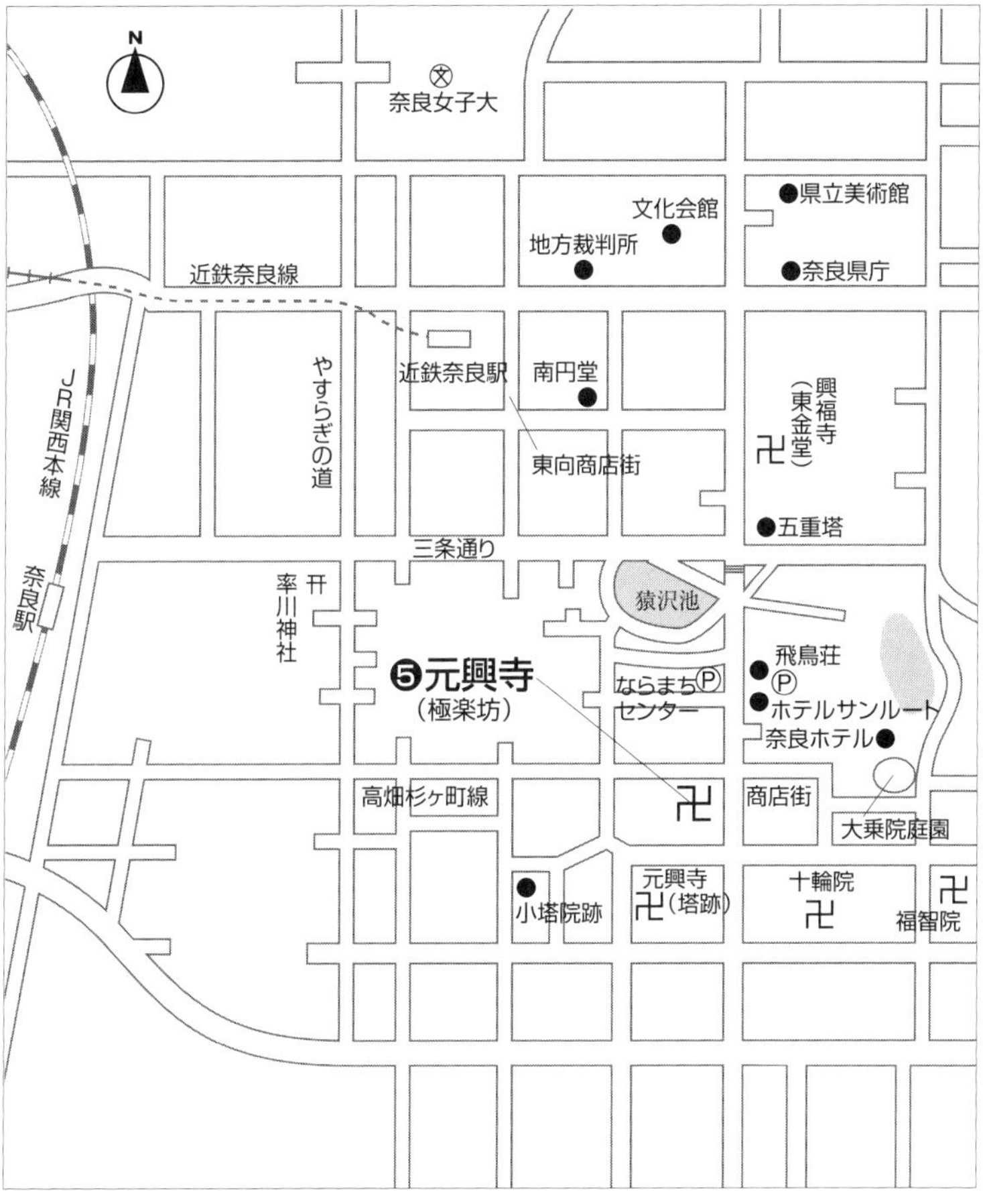

道順 〈徒歩〉近鉄奈良駅下車、東南へ歩いて約12分。ＪＲ奈良駅下車、東へ歩いて約18分。〈自動車〉国道24号線、阪奈道路、名阪国道等で奈良公園方面へ入り、高畑杉ヶ町線より駐車場へ入る。駐車20台・大型バス2台無料。

〈付近の名所〉名勝大乗院庭園　福智院　史跡頭塔　十輪院　史跡元興寺塔跡　史跡元興寺小塔院跡　さるさわ池　ならまち界隈

第6番 日輪山《にちりんざん》 新薬師寺《しんやくしじ》 華厳宗

〒630-8301 奈良市高畑町1352 電話0742(22)3736 http://www.k5.dion.ne.jp/~shinyaku/

本尊●薬師如来坐像　開山●光明皇后　開創年●天平十九年（七四七）

●御詠歌●眼のくもり　やがてはれゆく　日のわやま　ほとけのちかい　あらたなりけり

霊験新《あらた》かなお薬師様の寺

新薬師寺は、聖武天皇が東大寺建立中に眼病を患われ、眼病平癒のため、天平十九年（七四七）勅願により光明皇后によって建立されました。新薬師寺の「新」は新しい古いの「新」ではなく、霊験あらた（新）かなお薬師様をお祀りしたとして、名付けられました。

創建当時には、四町四方（一万二千坪）の境内に金堂、講堂、西塔、東塔、鐘楼、食堂等七堂伽藍が並ぶ大寺院で、寺に住む僧一千人と記録にあります。

三十三年後の宝亀十一年（七八〇）に、西塔に落雷。瞬時に炎上、現本堂（食堂らしい）のみ焼け残ったのです。鎌倉時代には、解脱、明恵両上人が一時当寺に住んで再興に意をつくされ、東門、南門、地蔵堂、鐘楼の諸堂が建立されました。徳川時代には、家康筆の印璽をもって寺領百石が与えられ、全国から参詣・参籠する人々数知れずと伝えられています。往年の盛時には及ばないまでも、その名残りを保って現在に至っています。

薬師如来（平安初期・国宝）は一木彫成で、平安初期の代表作です。特に肩から胸に流れる衣紋は素晴らしく、大きく見開いた切れ長の目、堂々たる体躯、まさに密教精神の具現といえます。古来より眼病、耳病の仏として霊験新《あらた》かです。この仏の前に立つとき、誰もがいいしれぬ威圧と荘厳を感じることでしょう。

十二神将（天平時代・国宝）は、薬師如来の家来であり、剣、弓、矢などそれぞれの武器を持って威嚇する姿は、畏敬にあたいします。土の素材を生かして顔面の筋肉の起伏がデリケートに表現されています。造立された当時は群青、緑青、朱、金箔などで彩られた実に華麗なものであったと思われます。平成十六年には、コンピュータグラフィックスで当時の色が再現され、よりいっそう身近になった感があります。十二神将は、それぞれ干支《えと》の仏であり、ご自分の干支の神将にお参りされる方も、大勢おられます。

●主な年中行事　一月八日　修正会　午後三時
四月八日　修二会　午後五時　日中法要
午後七時よりおたいまつ十一本初夜法要

●休憩施設　お抹茶、ゆどうふ、ゆばそうめん、おぜんざい。

●拝観料　大人六百円、中・高生三百五十円、小学生百五十円。三十名以上の団体は割引あり。

仏縁

新薬師寺貫主　中田聖観

「一人《いちにん》出家すれば、七親族天に生ず」という諺がありますが、私は身をもってそれを体験しています。やはり仏さまは偉大です。疑う余地はありません。それはこういうことです。

私の祖父中田善吉は大の信仰家で、大阪南区で道具商を営んでいました。当時身延山で修行をしておられた釈鳳運上人の支持者で、あちらこちらで催される後援会のお世話をしていました。大阪は道頓堀の朝日座（現道頓堀東映）で息子（私の父喜三郎）に応援演説などをさせて後援していたそうです。上人は学者でサタラマ教を布教していました。あるとき祖父は大病をしたのです。釈鳳運上人は法華経八巻一字一石（一つの石に一つの字を書く）をせよと申され、祖父はそれを成就したのです。

そして千日前通りの自安寺の境内に釈迦石仏を建立し、台座の下に一字一石のこも包みを何個も埋められました。もちろん病気は平癒しました。今その釈迦石仏は新薬師寺境内に安置されています。そんな縁で私も僧侶になったのですが、話はここからです。まず私の義理の弟が事業に失敗し、寺に身を寄せ、寺の仕事をしていますが、三人の子どもたちも皆成人して結婚しました。知人で学力があるのに学校に行けなかった子ども二人が、仏さまのお蔭で学校に行き、今では一流会社の部長クラス以上の地位になり、その子ども二人も成人しました。

まだまだご利益をいただいている人が親族の中にいるのですが、紙面がありません。私の身近な体験から、仏さまの偉大なご利益に感謝しています。

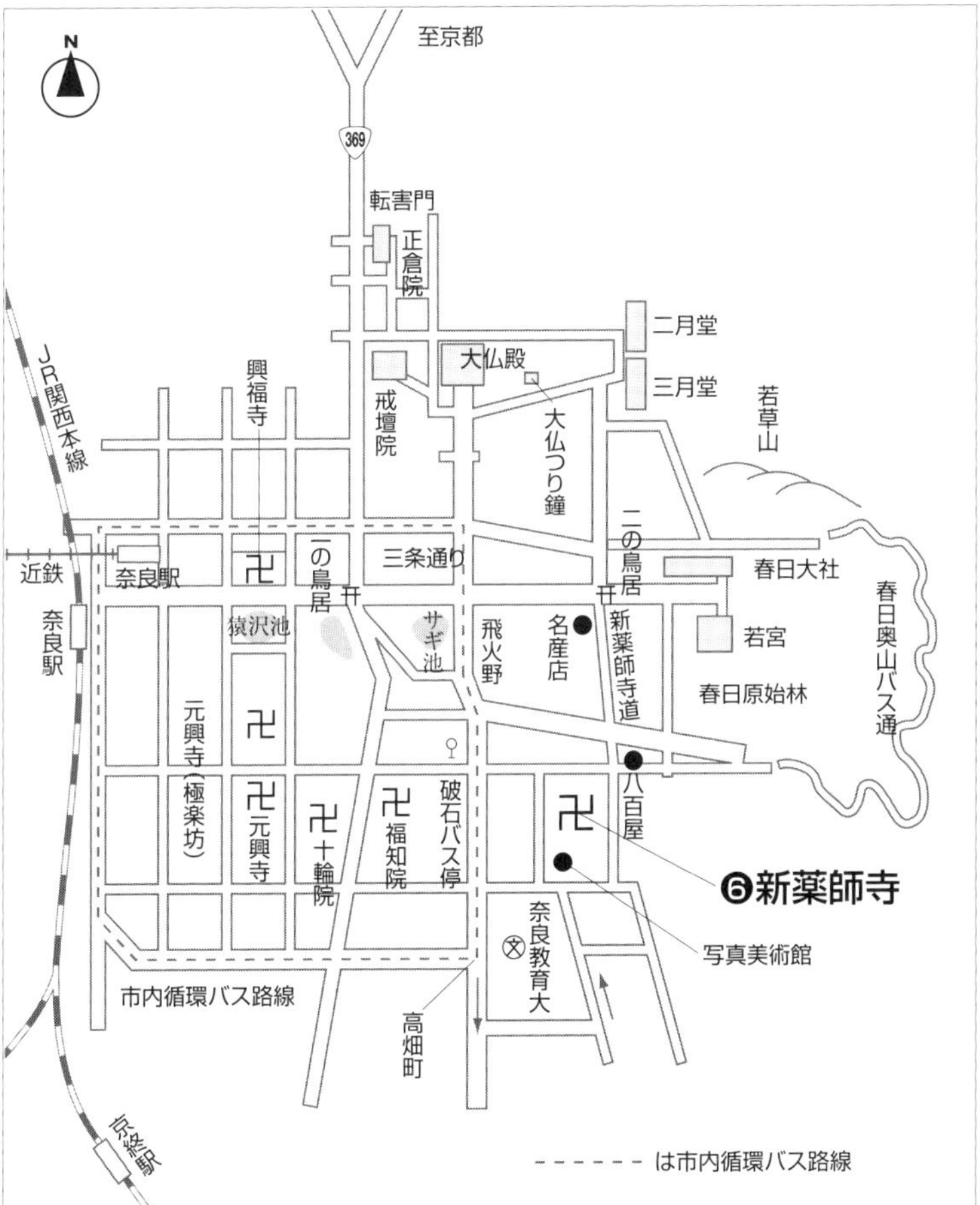

道順　〈徒歩〉近鉄奈良駅、ＪＲ奈良駅より市内循環バスにて「破石」(新薬師寺道口) 下車、東へ500m上り、南へ入る。約10分。駅よりタクシー約7分。

〈自動車〉奈良公園を目指して奈良市内に入り、循環バスの破石停留所から東へ、または奈良教育大学前を右折、標識に従って左折。門前に無料駐車場あり。

〈付近の名所〉写真美術館　奈良公園　春日大社　東大寺　興福寺　元興寺　白毫寺

第7番 霊禅山《れいぜんざん》 東塔院《とうとういん》 久米寺《くめでら》 真言宗御室派

〒634-0063 奈良県橿原市久米町502 電話0744(27)2470 FAX0744(27)2490

本尊●天得薬師瑠璃光如来 開山●来目皇子（聖徳太子の御弟君） 開創年●用明天皇の御宇

●御詠歌● 法の水 久米のみてらへ 流れ来て 濁るこころを す萬すもろ人

聖徳太子の弟君の眼病を平癒

久米寺の広い境内には、仁王門、本堂、不動堂、多宝塔（重文）、観音堂、地蔵堂、御影堂、鐘楼堂、客殿などが建ち並び、雪柳、桜、花蘇芳《はなすおう》、つつじ、あじさいなどの花があります。

本堂には、ひときわ大きい本尊の木造薬師如来坐像、日光・月光両菩薩立像、十二神将像、あの久米仙人が自ら彫った自分の像に自らの頭髪と生歯を植えたと伝えられる肉付きの坐像などが安置されています。本尊の一丈六尺の胎内には、一寸八分の金銅薬師如来立像が収められています。

久米寺は、もともと久米部氏の氏寺でしたが、聖徳太子の弟君が七歳のとき、眼病を患われ、太子のすすめで、諸病ことごとく治す薬師如来に願をかけたところ、眼病が平癒。そこで、自ら来目《くめ》皇子と称し、この地に金堂、講堂、鐘楼、経蔵、五重塔、大門などを造営されました。

その後、養老二年（七一八）インドの摩伽陀国の帝王・善無畏三蔵が、王位を捨てて渡来し、当寺に寄留して、日本初の多宝大塔を建立。大日経、三粒の仏舎利などを塔柱に納めました。善無畏三蔵の像は御影堂に安置されています。

大同二年（八〇七）十一月、唐より帰国した弘法大師空海が、宝塔内で経王を講讃し、初めて真言密教を宣布された、真言宗発祥の地です。

久米寺といえば、久米仙人の話は欠かせません。仙人は金剛山麓の葛城の里に生まれ、吉野山の龍門ケ嶽で修行し、神通飛行の術を修得。長寿を保ち、久米寺に百数十年間寄住したとされます。聖武天皇が東大寺大仏殿を建立される際には、仙術をもって、建設資材を数日のうちに全国各地から東大寺境内に集めました。天皇はお喜びになり、免田三十町歩を仙人に賜ったと伝えられています。

仙人はまた、衆生の中風と下《しも》の病を除くため薬師に誓願をたて、自ら孟宗竹の箸を作りました。その竹箸を使うと中風や下の病にならず長寿が得られると言い伝えられています。あじさいの花一枝をトイレに吊るすと中風封じになるとか、カボチャを冬至に炊いて食べると中風にかからないといわれます。あじさいの季節には鐘楼堂横のお休み処でカボチャの酢の物をいただけます。

●**主な年中行事**　元旦より修正会　一月八日初薬師　節分の日節分会　春秋彼岸彼岸法会　三月二十一日宗祖大師正御影供　四月八日お花まつり　五月三日春の大祭・二十五菩薩練供養　六月第三日曜日あじさい供養　八月八日施餓鬼会　十月十六日より一週間秋の大祭・期間の日曜日仙人まつり　十二月八日仏名会

●**拝観料**　四百円

いい縁（出合い）

久米寺住職　密門成範

当山は大和の中南部にあり、昔から国のはじまりのまほろばといわれる飛鳥に近く、神武天皇御陵のとなりに位置しています。

さて、久米寺東塔において弘法大師（空海）さまが大日経を感得されたことは、よく知られています。この経典は真言宗の根本的経典であります。経に「如実知自心」とあり、これは自分の生命が仏さまの大いなる生命と同格であるということですから「生かせいのち」ということでもあります。この自覚を忘れないことが即身成仏（この身このまま生ける姿で菩薩となる）への道です。

物質的に恵まれている今日、生命の尊さを無視するように若年者の自殺をはじめ、悲惨な種々の事件が起こっています。現代は物の豊かさに反比例して、心が空虚、衰弱しています。私たちはいかにしたら幸福に生きられるのか、それは自分たちの身の周りに、いい縁を、職場に、家庭に、隣人との関係においても、いい出合い（縁）を結ぶよう努力することです。

いい縁を結ぶには、どうしたらよいか、それはまず先に自分が相手のためにいい縁になってあげられるように努力すること。そうすることによって相手が少しでもよくなることが、自分の周りにいい縁を結ぶことになります。

つまり生きとし生けるものみんな、この大宇宙全体にみなぎる仏（大日如来）の生命を受けて、今ここに生かされ、お互いにその働きによって支え合っているのです。また、そこにこそ人生航路の指針があると思われます。

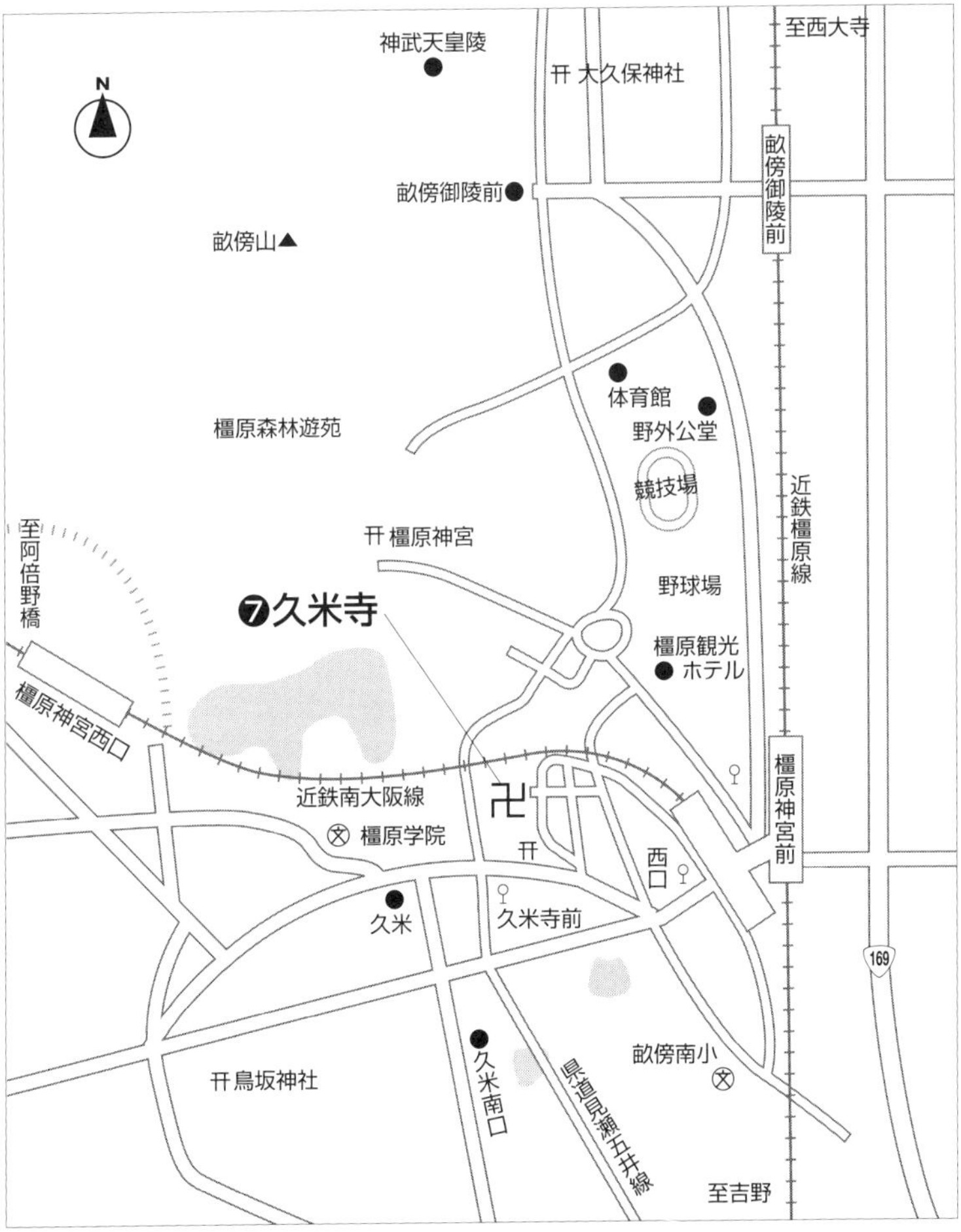

道順 〈徒歩〉近鉄各線より橿原神宮前下車、北西へ約200m、数分。
〈自動車〉国道24号線、南阪奈道路（有料）、165号線高田バイパス、169号線で橿原神宮を目標にする。バス駐車場あり。

〈付近の名所〉益田岩船　橿原神宮　畝傍御陵　壷阪寺　岡寺　飛鳥寺　橘寺　川原寺　明日香地区　今井町（史跡今井家住宅）　長谷寺　大神神社

第8番 宀一山《べんいちざん》 室生寺《むろうじ》

真言宗室生寺派大本山 通称・女人高野

〒633-0421 奈良県宇陀市室生区室生78 電話0745(93)2003 FAX0745(93)2057

本尊●如意輪観世音菩薩、薬師如来 開山●役の小角、弘法大師、隆光 開創年●白鳳九年（六八〇）

●御詠歌● 我が身をば 高野の山に とどむとも 心は室生に 有り明けの月

室生寺の創建と歴史

寺伝によると、室生寺は天武天皇の御願により白鳳九年（六八〇）に役の小角によって創建され、のち弘法大師により真言宗の三大道場のひとつとして修営されたといいます。しかし、確かな文献によれば、天平時代の後半の宝亀年間（七七〇～八〇）、皇太子の山部親王（のちの桓武天皇）の病気平癒のため、この霊山で浄行僧五人が延寿法を祈願したことが草創のきっかけでした。

その後、興福寺の大僧都賢璟《けんけい》が朝廷の命により、国家のために室生山寺を創建しました。以後室生山一帯は、奈良仏教界の山林修行の霊地として独特の仏教圏を形成してきました。

平安時代の初めには、興福寺の僧で賢璟の弟子修円《しゅうえん》が入山し、今に残る五重塔をはじめ伽藍の造営を完成させました。修円は、当時「室生《むろう》禅師」と呼ばれ、弘法大師空海や伝教大師最澄と並んで、仏教界の指導的役割を果たした学僧でした。空海から最澄にあてた有名な書簡に「風信帖」（国宝）

があります。その中に「室山」とあるのが修円のことで、空海が最澄とともに三人で仏法について語り合おうと指名したのです。以降、室生寺は興福寺の所管のもとに、真言・天台密教の道場として、日本の仏教に大きな役割を果たしました。

平安時代以後、山中の龍穴の龍祥の信仰と結びついて、雨乞いの祈願が盛んに行われ、遠く平安の都から祈願の勅使がしばしば派遣されました。雨と龍を結びつける信仰は、農耕社会における雨の重要性を示していますが、急峻な山と清流に恵まれた室生山は、こうした信仰を生むにふさわしい格好の場所でした。

また室生寺は、女性にも開かれた真言密教の寺院として信仰され、鎌倉時代以降は、特に「女人高野」と別称されて広く知られるようになりました。江戸時代中期になり、五代将軍綱吉の護持僧隆光僧正の進言により、真言宗寺院として興福寺の支配から離れました。現在は真言宗室生寺派大本山として、その法灯を護持しています。

●主な年中行事　一月一日午前〇時暁天祈祷　一月八日初祈願　四月二十一日御影供法要　四月第一日曜籾供養　八月七日（立秋）曝涼展　九月二十一日彼岸法要　十二月三十一日除夜の鐘

●宿泊・休憩施設　宿泊施設なし。休憩所慶雲殿一人二百円、二百人収容。

●拝観料　個人五百円、三十人以上の団体四百円。

祈りの道

室生寺住職　網代智等

多くの人が神仏を祈りますが、お祈りは感謝感恩の心からのあらわれ、動作、生活であります。人は過去、現在、未来の無限の因縁生起の中に生き、そして滅びていきます。つまり、自然の一部として生かされています。生きるために人は、他の動物・植物を犠牲にしなければならない宿業にあります。他を犠牲にし、そのお蔭で生きられるものであれば、それらの菩提を弔う感謝の心がなければなりません。人のみの便利さを図り、人間生活の向上のみをひたすらに追求して、他のものへの思いやりを忘れるということは誤りであります。

お釈迦さまの教えの中には十善戒の規律があり、その第一番目に定められているのが不殺生戒です。これは人間の謙虚な生活、他に対する思いやりを望まれてのことであります。その報恩感謝の心を私たちの生活の中にかたちとしてあらわした行事が、仏事、法会です。

一日を正しい生活で無事に過ごせますように、毎朝ご仏前で礼拝し、お茶、お香、燈明、お花を献じておつとめをすることをおすすめします。日を定めて、お寺のご本尊さまを礼拝することも、まことに意義あることです。

報恩感謝の心を忘れて私利私欲の満足ばかりを追求していると、不満、羨み、嫉妬の心が生じ、まことの楽しみを見出すことはできません。供養し、孝養をつくし、思いやりを施し、自分を大切にすることを知るべきです。お釈迦さまは正しい生活の実践から正しい精神統一の道を示されました。その道は最高至上の目的に達するすがすがしい道であり、祈りの道なのです。

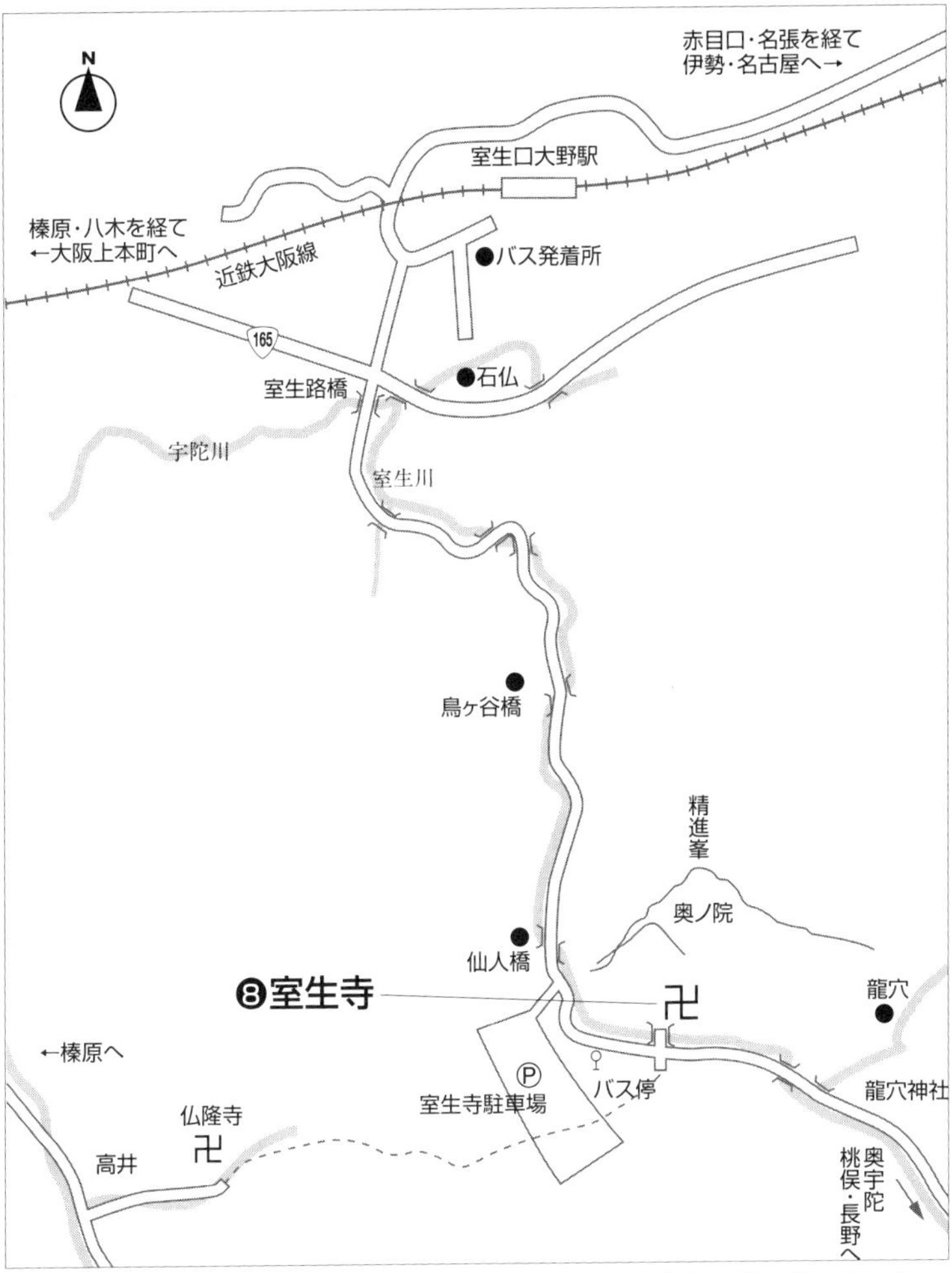

道順 〈徒歩〉近鉄室生口大野駅下車、バスで「室生寺」まで約20分。桜、しゃくなげ、秋紅葉の時期バス臨時増発あり。

〈自動車〉国道165号線で室生区に入り、室生路橋から室生川に沿って上流へ行く。室生寺直営駐車場あり バス30台、乗用車200台（駐車場3カ所あり）。

〈付近の名所〉室生・赤目・青山国定公園

第9番 小松山《こまつざん》 金剛寺《こんごうじ》

高野山真言宗　通称・ぼたん寺、菊薬師

〒637-0036 奈良県五條市野原西3-2-14 電話0747(23)2185 FAX (23)2186 http://www.e-kongouji.com/

本尊●薬師如来　開山●小松内大臣平重盛　開創年●承安年間（一一七一～七五）

●御詠歌●　やくしぶつ　ねがへひとびと　みのやまい　こころのやまい　いえざるはなし

花のみ寺

金剛寺は平安末期の文化人、小松内大臣、平重盛公が、吉野川段丘に創建された古寺と伝えられています。

江戸初期から野原城主、畠山義春公の菩提寺として復興され、天満宮、御霊宮を祀る宮寺でもありました。江戸時代から明治、大正にかけては、唐招提寺の長老が当山より出向いて、隠居にやってくる珍しい歴史と信仰をもつ古寺です。

山門には宝暦十二年（一七六二）に近畿一円十万人の寄進により造られた鐘があり、平和の鐘、除夜の鐘として響きわたります。

元禄四年（一六九一）に再建された庫裡は茅葺の屋根で、夏は涼しく、趣きのある建物です。隠居の間、弟子育成の場でもありました。ここから元禄の枯山水の庭を眺めると風情があり、心落ち着くひとときを過ごすことができます。

明治時代の長老が再建された観音堂の屋根の鴟《し》尾《び》には、「唐招提寺金堂之模造」と銘記されています。

春には牡丹園を開園します。北に霊峰の金剛山を仰ぎ、眼下には吉野川の清流を眺め、二千平方メートルの牡丹園には百種類、千株の牡丹を中心に、白藤、おだまき、れんげつつじ、西洋石楠花、花水木、えにしだ、エジプトアヤメ、平戸つつじ、大山蓮華等が美しく咲きつづけます。

秋、薬師如来に小菊を献上し、無病息災、健康長寿を願って、十一月三日に菊薬師会式が厳修されます。十月二十五日から十一月十日までの小菊まつりの期間は、本堂や境内が小菊で荘厳されます。また八日までは善の綱でお薬師さまと結ばれます。

この小菊まつりはお寺に伝わる中国の故事で、七百歳の長寿をいただいた「菊慈童」に由来する行事です。当山は牡丹の金剛寺、菊薬師といわれるように、花のみ寺であり、信仰の道場、祈祷の寺です。

●**主な年中行事**　一月一日～八日初詣と初薬師　一月二十八日三宝荒神供　二月三日節分星祭り　三月十八日彼岸千部会　四月二十日～五月二十日牡丹園開園　十月二十五日～十一月十日菊薬師と小菊まつり　十一月三日菊薬師会式　十二月三十一日除夜の鐘

●**休憩施設**　休憩、庫裡二百名、牡丹園休憩所百五十名、費用志納、予約のこと。

●**拝観料**　三百円、牡丹園開園期三百五十円。

幸せを祈る

金剛寺住職　藤原覚盛

私たちは皆、幸せを求めて生きています。幸せとは一体何でしょうか。どうすれば得られるのでしょうか。経済的に豊かになることでしょうか。幸せはまず私たちが健康に恵まれることです。

お薬師さまは私たちに除病延寿、健康長寿を叶えてくださいます。お薬師さまの右手は遠慮せずに近寄って来なさい、左手の薬壺で病いに応じて薬を与えてあげよう、願いを叶えてあげようという有難い誓願の仏さまです。

私たちの病気には、身体の病気や心の病があります。人間の世界は煩悩の世界ともいえます。物が豊かになった現在においても、さらなる欲望、ねたみ、いじめの心が蔓延しています。感謝の気持ちがないからではないでしょうか。

私たちが今日存在しているのは、父母、ご先祖のおかげであります。また多くの動物、植物の犠牲や、人々の助け合い、さらには大いなる仏さまの恩恵により、生かされています。

連日のように起きる少年犯罪は心の病から生じています。小さい子どもさん連れの若い夫婦が参拝に来られますが、ご両親の見よう見真似で小さな手を合わせ、お辞儀をしている幼い姿は微笑ましいものです。小さい頃から、大いなるものに生かされている自分を感じ、感謝する心を持ってほしいと切望します。

当山に参拝され、お薬師さまにお手を合わせ、花にも仏心を感じて、相互礼拝のしあわせの道を歩んでいきましょう。

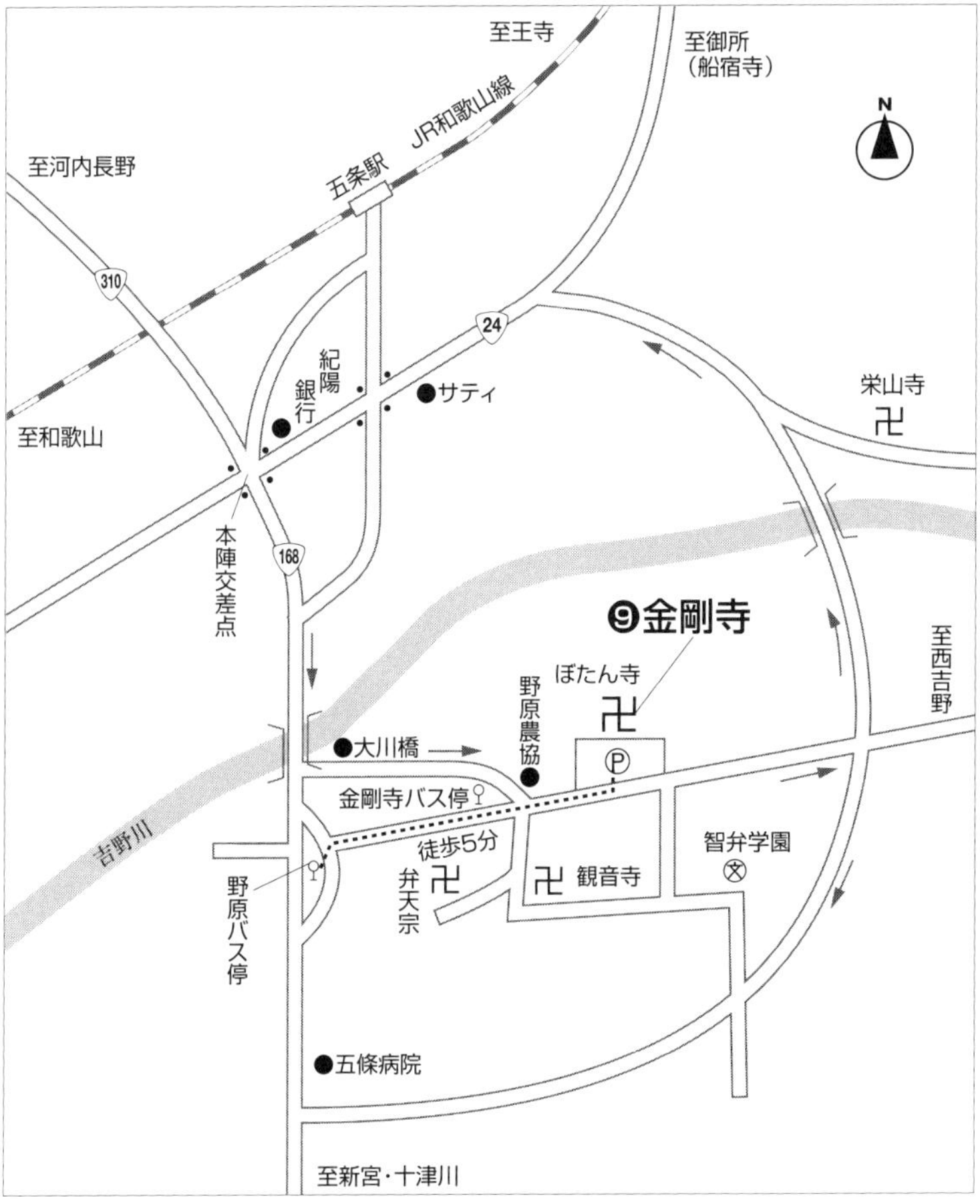

道順 〈徒歩〉近鉄南大阪線吉野口駅乗換え、または南海高野線橋本駅乗換えでＪＲ和歌山線五条駅下車約2km。駅から徒歩で約25分。タクシーあり。

〈自動車〉西名阪国道・法隆寺ＩＣより南へ約40km、または柏原ＩＣより南へ約26km、国道24号線より五條市内本陣交差点を南へ168号線へ、大川橋を渡りすぐ左折して約300m。駐車場あり（バス5台、普通車40台可。春シーズンのみ有料）

〈付近の名所〉栄山寺　船宿寺（御所市、車で20分）

第10番 高野山《こうやさん》 龍泉院《りゅうせんいん》 高野山真言宗

〒648-0211 和歌山県伊都郡高野町高野山647 電話0736(56)2439
本尊●薬師如来 開山●真慶律師 開創年●延長・承平の頃(九二三~三八)

●御詠歌● りゅうぜんの たえぬながれは とこしえに くめどもつきぬ のりのともしび

弘法大師雨請いの霊場

高野山は海抜約千メートルの山上に広がる東西六キロ・南北三キロの盆地で、内八葉外八葉の峰々に囲まれています。ちょうど蓮台の形のようなこの地は、古《いにしえ》より紫雲棚引く霊山として信仰されてきました。若き日の弘法大師空海も、山嶽修行者の仲間に入り山野を跋渉し修行に明け暮れていた頃に、訪れたこともある高山深嶺の地であり、中国より密教を持ち帰った空海が、弘仁七年(八一六年)嵯峨天皇よりこの地を賜り、真言密教の一大修行道場である伽藍諸堂の建立に着手したのが、高野山金剛峯寺のはじまりです。

高野山は、開創以来厳しい修行道場のため女人禁制が敷かれ、明治五年(一八七二)に解除されるまでは、いかなる女性といえども女人堂より内に入ることは許されませんでした。現在は不動口の女人堂だけが残り、かつての厳しい女人禁制の名残を留めています。高野山上には約百二十の寺院があり、僧侶だけでも約千人が生活しています。世界に類を見ない山上宗教都市で、平成十六年には世界遺産に登録され、国内はもとより海外からも参拝者や観光客が多く訪れています。

龍泉院は承平の頃(九三一年頃)真慶律師によって開創され、弘法大師がかつて日照りが続いた際に善女龍王を勧請し祈雨の修法を行われた霊池が傍らにあることから、院号が付けられました。また弘法大師の高弟の真雅僧正が、当院において阿字観を修せられた霊験あらたかな古刹であり、鎌倉との由緒深く、毛利元就、佐々木高綱、楠正成等の帰依厚く、織田家、源家等との檀縁が深い。

本尊の薬師如来像（重文）は藤原時代末期の作。寺宝の弘法大師御作の真言八祖・龍猛《りゅうみょう》菩薩像は、毛利元就が当院に寄贈したもので弘仁仏として有名です。当院は高野山真言宗総本山金剛峯寺の北側に位置し、金堂、根本大塔等の諸堂がある檀上伽藍や、女人堂も近い。山門を入った正面に本堂があり、左側に護摩堂、大師堂と並び、右側に庫裡、玄関があります。

●主な年中行事（高野一山の行事、一月～五月まで。以後は高室院の項参照）　一月一日～三日修正会・奥の院金堂　二月十五日常楽会・金剛峯寺　二月二十二日以降三月十五日まで法印転衣式・金剛峯寺　三月十七日御衣加持・宝亀院　彼岸中日前後三日間彼岸会・金堂　旧三月二十一日正御影供・奥の院御影堂　四月八日仏生会・金剛峯寺　五月三日より五日間結縁灌頂・金堂

●宿泊・休憩施設　百五十名収容の宿坊あり。休憩も可、費用は寺へ問い合わせること。

●拝観料　無料

正しい信仰とご利益

龍泉院住職　楠　公延

私たちは、この世で幸せな楽しい生活をするために神社、仏閣にお参りします。また、この世に生を受けた恩を感じ、ご先祖さまのご供養に寺参りをします。

それぞれの寺には、本尊さまをおまつりしてありますが、寺によってその本尊さまは、まちまちであります。観音菩薩（観音さん）、阿弥陀如来（阿弥陀さん）、大日如来（大日さん）、不動明王（お不動さん）、薬師如来（お薬師さん）など、たくさんの仏さまを本尊にしております。

薬師如来は、日本に仏教が伝来した聖徳太子の頃より現世利益の仏さまとしてよく信仰され、私たちが最も恐れている死、あるいは死につながる病気から救ってくださる仏さまとして、観音さま、お不動さまと共に親しまれております。薬師如来のご誓願（おかげ）は、十二大願を説かれております。即ち、知徳をさずかる、身心の安定、貪欲をのがれる、偏見誤解をしなくなる、病気を治してくれる、衣住の安定、正しい信仰に導いてくれる等、現世において幸せな楽しい生活ができるよう導いてくださる仏さまです。中でも、病気を治してくれるというご利益は私たちの日常生活で最も大切なことであります。

このように薬師如来は、私たちの日常生活の心配ごと、悩みごと、特に病気を治してくださるご利益をおもちですが、拝む私たちの信心が正しい信仰であってはじめて『おかげ』を頂けるものです。

幸せな生活を願って正しい信仰、清らかな信心をおすすめいたします。

道順

〈徒歩〉南海高野線・極楽橋（終点）でケーブルに乗換え、高野山駅下車、南海バスで「警察前」（四つ目）下車すぐ（難波より約二時間）。ＪＲ和歌山線利用の場合は、橋本駅にて南海高野線に乗換える。高野山駅よりタクシーの便あり。

〈自動車〉国道24号線高野口町より高野山へ。約40分。門前右側に無料駐車場あり。

〈付近の名所〉高野山一帯（女人堂、波切不動、徳川霊台、金剛峯寺、御衣寺宝亀院、金堂、大塔、大門　以下高室院の項参照）

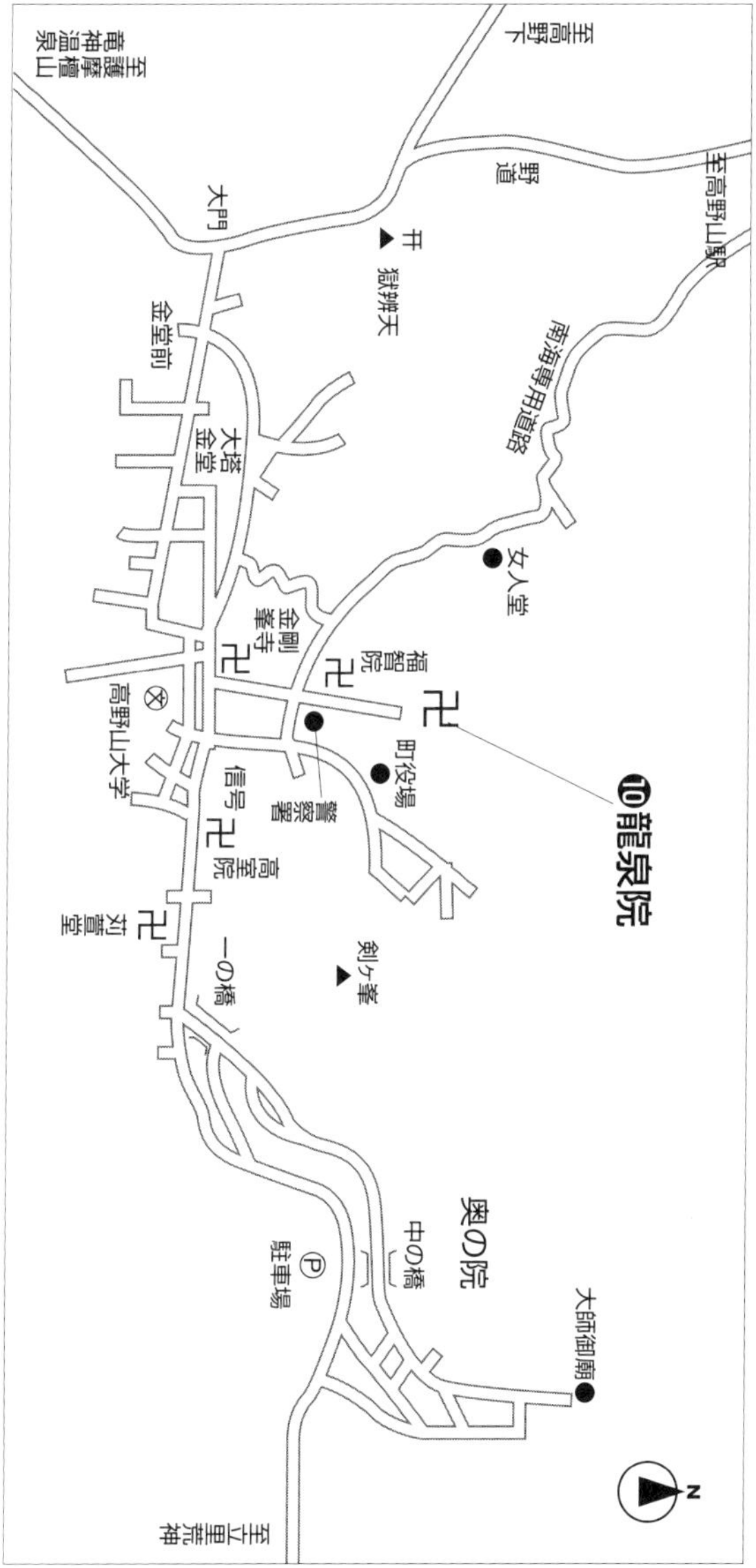

第11番　小田原坊《おだわらぼう》　高室院《たかむろいん》

高野山真言宗　通称・小田原坊

〒648-0211 和歌山県伊都郡高野町高野山599 電話0736(56)2005

本尊●薬師瑠璃光如来　開山●房海僧正　開創年●鎌倉時代

●御詠歌● 諸々《もろもろ》の　病《やま》い障《さわ》りも　おしなべて　救《すく》わせ給《たま》う　慈悲《じひ》の御恵《みめぐ》み

小田原城主北条氏直公が潜居

今から約千二百年前、真言宗の宗祖弘法大師は、時の帝、嵯峨天皇の勅許を得られ、真言密教の根本道場として高野山を賜られました。それから約三百数十年後、村上天皇のご血統を引かれる房海僧正によって当院が創建され、当初は、智恵門院と呼ばれていましたが、後に高室院と改められ、今日に至っています。

法燈は師資連綿として受け継がれ、第九世の大聖僧正は大和の国、天河弁財天の化現と伝えられるなど、多くの名僧を輩出しています。また、学問寺として学侶の名室寺院の一つに数えられ、多くの学匠を生んでいます。

天正年間（一五七三～九一）、小田原城主北条氏直公が当院に潜居してから、北条家の菩提所として「小田原坊」と呼ばれるようになり、現在でも、関東の寺院、ご信者との御縁は深いのです。また、伊勢の藤堂家、土佐の山内家とも壇契を結んだ時期があります。

当院の本堂は明治二十一年（一八八八）の大火に類焼し、昭和五十九年（一九八四）、弘法大師御入定千百五十年御遠忌の年に現在の本堂が再建されました。

本尊の薬師如来は、紀伊續風土記によると行基菩薩の御真作と伝えられ、重要文化財のため現在は高野山霊宝館に収められています。現在本堂に御安置の薬師如来は、京仏師江里氏の作です。

明治になって、大乗院・発光院・蓮上院を合併し、寺宝としては、弘法大師御筆大威徳明王影・高野結界啓白文・十二天屏風・同御作帆揚不動尊（重文）を蔵します。

高野山は海抜約九百メートル、大小、十六の峯々に囲まれた山上の盆地です。峯々は外八葉・内八葉と呼ばれ、あたかも蓮の花が開いたようで、まさに仏国土・密厳浄土と呼ぶにふさわしい地形といえます。当院は、高野山のほぼ中央に位置し、東の奥之院、西の大伽藍等、どこへ参拝するのにも便利です。境内は広く、マイカーでの巡拝にも十分な駐車スペースがあります。

●主な年中行事（高野一山の行事、六月以降。一月～五月は龍泉院の項参照） 六月十五日宗祖誕生会（青葉祭）・大師教会 八月十三日より三日間盂蘭盆会・金剛峯寺・高室院 彼岸中日前後三日間彼岸会・金堂 十月十六日明神社祭典・金堂 十月二十七日奥の院諡号奉讃会・灯籠堂 十二月二十八日御影堂煤払・御影堂

●宿泊・休憩施設 百五十名宿泊可、費用は寺へ問い合わせること。休憩可、予約のこと。

●拝観料 無料

医王、妙薬を授けたまう

高室院住職　齋藤天譽

最近、病院でもらう薬には、必ず説明書が添付されてくる。薬の形状がカラー写真で表わされ、その名前や効能、稀《まれ》に起こる副作用までもが丁寧《ていねい》に記されている。ひと昔前には、なかったことである。誤って服用しないためには誠に親切であるし、自分の現在の症状に合わせて処方される薬であるが故に、その効能などを詳しく知っておきたいというのは、人情である。

しかし、たとえ百万回、その効能書きを読んだところで病は治癒しない。まさに一口の服薬が、病を癒すのである。仏の教えも是の如くであり、どんなに有難い教えを知ろうとも、実践がなければ救われることはない。仏の説かれる教えもまた、衆生の迷いの浅深によって千差万別である。

「如来の大医王、衆生の病に随って種々の法薬を授けたまう」これは、高祖弘法大師様のお言葉であるが、「勝れた医師が、その病に依って薬を処方する如く、如来は人々の迷いに応じて、それぞれに合った教えを、お説きになる」という意味である。

いま自分に必要な法薬（教え）とは何なのか。それを見い出し、この生命を活かしていく。それこそが、われわれ、一人ひとりの「この世」における使命といえるのではないだろうか。われわれは、現在ある自分の存在を先祖に感謝し、多くの尊い仏の教えに触れ、世のため、人のために利他行を実践していくことが大切である。

道順

〈徒歩〉南海高野線・極楽橋（終点）でケーブルに乗換え、高野山駅下車、南海バスで「千手院橋」（五つ目）下車すぐ。

JR和歌山線利用の場合は橋本駅にて南海高野線に乗換える。高野山駅よりタクシーの便あり。

〈自動車〉国道24号線橋本より高野山へ。約40分。境内無料駐車可。

〈付近の名所〉高野山一帯（霊宝館、大師教会本部、苅萱堂、一の橋より奥の院に至る参道の両側に続く、歴史絵巻を想わせる二十数万基といわれる墓石の群、奥の院弘法大師御廟　以下龍泉院の項参照）

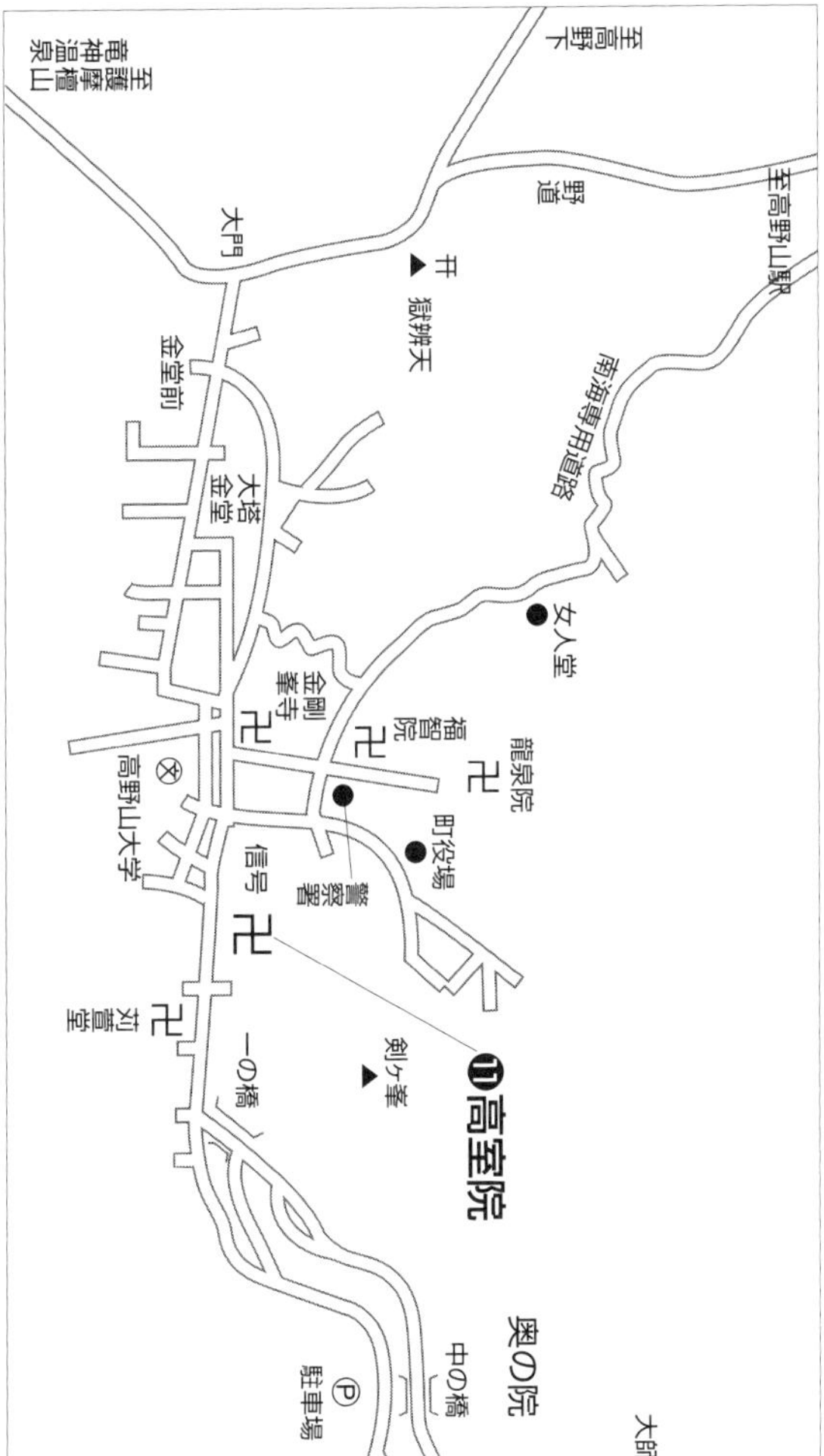

第12番 幡川山《はたがわさん》 薬師院《やくしいん》 禅林寺《ぜんりんじ》

高野山真言宗　通称・幡川のお薬師さん

〒642-0028 和歌山県海南市幡川424 電話073(482)1894

本尊●薬師如来　開山●為光上人　開創年●天平年間（七二九〜四九）

●御詠歌●うきまよひ　るりの光に　てらされて　はれゆくくもの　はたがわのてら

多くの人々を救ってきたお薬師さん

当寺は、俗に幡川《はたがわ》のお薬師さんと呼ばれ、広く人々に親しまれています。

今から千二百五十年以上前の天平時代、唐（現在の中国）にあった青龍寺《せいりゅうじ》の僧「為光《いこう》上人」が修行道場にと、聖武天皇よりこの地をいただき、同天皇の勅願所として建立されたのが始まりです。

中世の頃には「幡川寺《はたがわでら》」とも呼ばれ、谷あいに七堂伽藍をはじめ、僧坊十二院・御社三社・承仕坊三院が立ち並ぶ精舎でした。しかしながら建武以前に金堂をはじめ寺庫までも火災にあい焼失し、さらに再興された後も、天正十三年（一五八五）に豊臣秀吉の南征による兵火のため再びことごとく焼失し、広大な寺領もすべて没収されました。諸堂の名残は地名として今なお残っています。

その後、禅林寺は塔頭寺院の一つであった中之坊の秀慶《しゅうけい》法印により再興されました。秀慶法印は、兵火により一宇も残さず堂宇が焼失したのを憂いて、慶長二年（一五九七）に日向国（今の宮崎県）の仏師士賢《しけん》に命じて木造の薬師如来像を造立し、京の仏師高慶に命じて、御頭のみ残っていたご本尊の身体の部分を補作させて安置しました。

現在の本堂は天保三年（一八三二）、鐘楼堂は宝暦四年（一七五四）に再建されたものです。

ご本尊の薬師如来（三十三年に一度開帳される秘仏）は、開山の為光上人が青龍寺より招来した七仏の内の一体と伝えられ、西国薬師霊場会唯一の塑像《そぞう》技法（土を用いて造る技法）で造られた如来様です。昔から眼病、その他の病にご利益があり、お薬師様の「わが名号を一たび耳に聞くとき願いとどけん」とのご請願通り、今日に至るまで多くの人々が救われています。

　本堂の東側には、たくさんの身代わりおじいさん・おばあさんに囲まれた「ぼけよけ地蔵」様がお祀りされています。高齢化の進む中で悩まれる方々の心に安らぎをと建立されたお地蔵様です。また、境内の裏山には、約二百年以上前より新四国八十八ヶ所がお祀りされています。お四国にお参りできない方や願事成就のために多くの人々がお参りしています。

●主な年中行事　一月八日初薬師　一月二十一日初大師　春秋彼岸彼岸会　四月八日春会式　八月十五日施餓鬼法要　十月二十四日ぼけよけ大法要　旧暦三月二十一日正御影供、新四国八十八ヶ所供養　毎月八日薬師縁日　毎月二十一日弘法大師縁日

●宿泊・休憩施設　宿泊施設なし。休憩五十名まで可、前もって寺へ連絡のこと。費用志納。

●拝観料　無料

お薬師さんと雷

禅林寺住職　阿部光正

この地域に伝わっている昔話を一つ……。

幡川《はたがわ》のお薬師さんっていうたら、慈悲深い薬師如来さんが住んでおられるところって昔から有名や。

なんでも大昔、この寺のとちの木いに雷が落ちてん。薬師さんはことのほか、この木いを可愛がっておられたそうやが、ずたずたに切りさかれ、見るも無残に変わりはてた姿あ見て、もう、かんかんや。「こんな悪さあしたんは誰や。すぐ捕らえてうんとこらしめたれ」て、お弟子さんの日光さんと月光さんに命じられたと。この二人、なかでも日光さんは力自慢、額から強い光を放つことにかけては自信があったんで、早速、雷退治にでかけたんや。境内を捜すこと三十分、軒下に隠れてた雷を見つけだし、例の怪光線をぴかっぴかっと発して、あっと言う間につかまえてん。

薬師さんの前につれだされた雷は、はじめはふてくされていたんやが、こんこんと説す薬師さんの温かい心にうたれ「ここ一里四方のところには二度と落ちません」て約束し、天へ帰してもらったと。

それからというもの、禅林寺のある薬師の谷には雷が落ちることがなくなったそうやが、「日光さんほどの強い人をお弟子さんにしてるえらい薬師さん」てますます評判になったと。

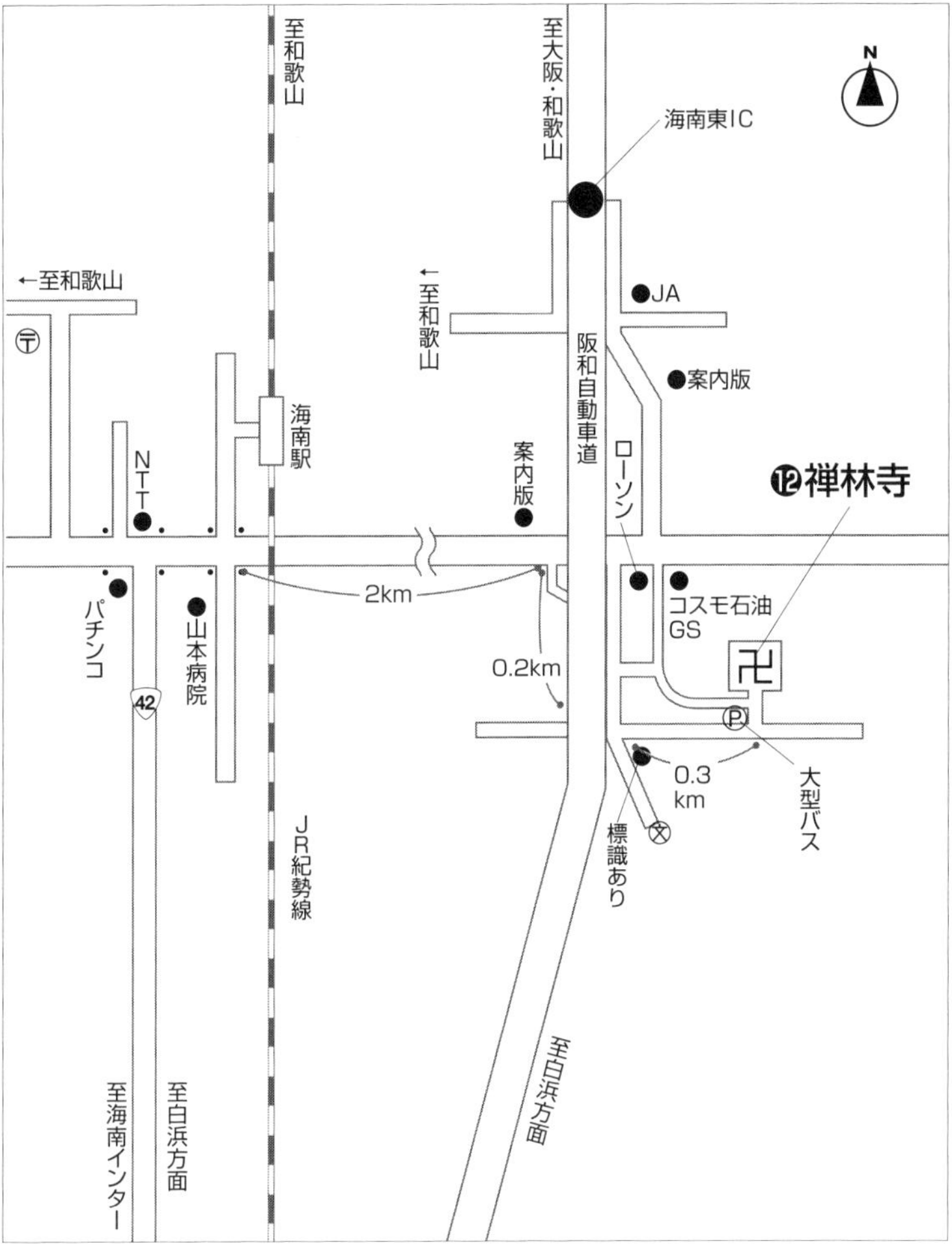

道順 〈徒歩〉 JR紀勢線海南駅下車、タクシー約5分。
〈自動車〉 国道42号線で海南市に入り、東へ数分。または、阪和自動車道の海南東ICでおり直進、信号を左折50m、高速下をくぐり左折、0.2km行くと標識あり。

〈付近の名所〉 新和歌浦　紀三井寺　温山荘―マリーナシティ

第13番 龍池山《りゅうちざん》 弘川寺《ひろかわでら》

真言宗醍醐派　通称・西行の寺

〒585-0022 大阪府南河内郡河南《かなん》町弘川43 電話0721(93)2814

本尊●薬師如来　開山●役行者　開創年●天智天皇の四年（六六五）

●御詠歌● 法《のり》の水　後の世かけて　むすはばや　弘川でらの　深きえにしに

西行ゆかりの古寺

葛城山の西麓にあり、天智天皇の四年（六六五）に役行者《えんのぎょうじゃ》によって開創されました。天平九年（七三七）には行基が修行し、宝亀年間（七七〇年代）光意が修学しました。弘仁三年（八一二）には弘法大師空海が中興され、真言密教の霊場となりました。文治四年（一一八八）、当時の座主空寂は後鳥羽天皇がご病気の際、宮中に召され、病気平癒の祈祷を修して、平癒されました。

　平安末期の歌僧西行は、文治五年（一一八九）秋ここに住み、「願はくは花の下にて春死なむ　そのきさらぎの望月のころ」の願い通り、文治六年（一一九〇）旧暦二月十六日当寺で入寂されました。享年七十三歳。

　南北朝では、南朝の忠臣弘川城主隅屋与市正高が奮戦した旧蹟です。室町時代には、河内国の守護畠山氏の畠山政長と畠山義就による家督相続をめぐる争いで、政長軍は一時弘川に陣を構えました。義就軍がこれを攻め、兵火によって寛正四年（一四六三）焦土と化しました。本尊薬師如来像をはじめ、弘法大師像、空寂上人像は兵火をまぬがれ、今に奉安しています。

　江戸中期の歌僧似雲は、享保十七年（一七三二）旧暦二月十六日西行の古墳を発見しました。その後西行堂を建立し、西行墳周辺に供華の桜を植え、「花の庵」を建てて住み、八十一歳の生涯を西行の顕彰に尽くしました。

西行の八百年遠忌（平成元年＝一九九〇）を記念して、永くその遺徳を顕彰し、文化の向上を図るため、西行記念館を建設しました。館内には、西行に関する当寺伝来の寺宝をはじめ、西行ならびに似雲についての貴重な宝物を収蔵しており、春季・秋季に開館しています。

西行墳の奥、東方約三・五ヘクタールの桜山には、似雲が植えた山桜および西行八百年遠忌に供華された桜約千五百本が植樹され、春は壮観です。本坊庭園内には、樹齢約三百五十年の天然記念物「海棠《かいどう》」があり、四月中旬に見頃を迎えます。

●**主な年中行事**　一月一日修正会　旧暦二月十六日西行忌　四月上旬さくらまつり　四月二十一日御影供　八月十五日施餓鬼会

●**休憩施設**　休憩百人まで可、必ず前もって寺へ連絡のこと。費用志納。

●**拝観料**　本坊庭園一人三百円。西行記念館・本坊庭園拝観共で一人五百円（開館＝春四月一日～五月十日、秋十月十日～十一月二十日）。

本堂

目標をもって生きる

弘川寺住職　高志慈海

私たち僧侶には、三つの目標があります。

一つには自己を高め、完成させること。二つには民衆を教化すること。三つには衆生を救済すること。これらは僧侶にとって本来の使命であります。

「人」というのは、字の如く支えられ、お互いに支えあって生きています。生かし生かされています。そう考えると人に感謝をするという気持ちが生まれてきます。

私たちは誰しも欲を持っています。欲を捨て、無欲が悟りの姿のように思われがちですが、欲をすべて捨てるのでなく、つまらない欲を良い欲に変えていくことです。即ち小欲を大欲に変えていくことが大切です。

人の一生は一日一日の積み重ねであり、その一日一日は一瞬一瞬の積み重ねです。即ち一瞬一瞬を大切に生きることが充実した一生を過ごすということにほかなりません。その日その日を何となく暮らすことを「その日暮らし」といい、充実した一日を過ごすことを「一日暮らし」といいます。

二十一世紀は心の時代と言われます。寺は人々の心を癒し、清浄にする場所であり、心を蘇生させる所でもあります。日々生かされていることに感謝し、しっかりした目標をもって充実した実りある人生を過ごしたいものです。

西行堂

道順 〈徒歩〉大阪阿倍野橋から近鉄長野線富田林駅下車。金剛バス河内《かうち》行で終点「河内」下車、約200m。またはさくら坂行で「河内小学校前」下車約800m。〈自動車〉大阪外環状線の新家交差点より国道309号線に入り、佐備神山交差点を左折、上河内方面へ河内、弘川寺に着く。

〈付近の名所〉風土記の丘　高貴寺　叡福寺　西方院　滝谷不動明王寺　龍泉寺　近つ飛鳥博物館　観心寺　金剛寺　ワールド牧場

第14番 青龍山《せいりゅうざん》 野《や》中《ちゅう》寺《じ》

高野山真言宗　通称・中の太子

〒583-0871 大阪府羽曳野市野々上5-9-24　電話072(953)2248

本尊●薬師如来　開山●聖徳太子　開創年●推古天皇の御宇

●御詠歌●　くもりなき　るりの光の　野中寺《のなかでら》　こころもはれて　帰るうれしさ

聖徳太子の寺

野中寺は、飛鳥時代に創建され、難波から飛鳥に至る竹内街道に面していました。寺伝によると、聖徳太子の命令で蘇我馬子が造営したとされています。古くから「中の太子」と呼ばれ、太子町叡福寺の「上の太子」、八尾市大聖勝軍寺の「下の太子」とともに「河内三太子」の一つに数えられています。

創建当初の伽藍は、南北朝時代の争乱で兵火にかかって全焼しましたが、礎石は残り、中門跡、金堂跡、塔跡、講堂跡、回廊跡は国の史跡に指定され保存されています。近年の発掘調査により、七世紀中頃には、伽藍が完成していたことが分かっています。

江戸時代初期の寛文年間、政賢覚英師の発願により、真言律の碩徳《せきとく》である慈忍慧猛和上を中興開山に迎えて、戒律道場（僧坊）として再建されました。延享三年（一七四六）には、一派律宗如法僧坊輪番所として幕府の認可を受けています。

当時、山城国の槇尾山平等心王院、和泉国の大鳥山神鳳寺、河内国の青龍山野中寺は「律の三僧坊」と呼ばれ、戒律を学び修行する僧侶が多数集まっていました。今も、修行僧の寄宿舎である「比丘寮」「沙弥寮」や勧学院の額を掲げる「方丈」など、当時の学苑の建物がそのまま保存されています。

野中寺墓地の一角には、お染・久松の墓があります。これは戒律道場の有力な後援者の一人であった天王寺屋権右衛門が、心中した天王寺屋の娘お染と手代の久松の冥福を祈って、十七回忌にあたる享保七年（一七二二）に建立したものです。このとき、供養のためにお染ゆかりの山茶花《さざんか》が寄進されました。庭園内にある樹齢約三百年の山茶花がそれであると伝えられています。

本尊薬師如来坐像は秘仏で公開されていませんが、毎月十八日には、白鳳期の金銅弥勒菩薩像（重文）や平安末期と推定される木造地蔵菩薩立像（重文）、庭園内の山茶花（大阪府天然記念物）が拝観できます。

●主な年中行事　二月三日節分会　五月第二日曜日光明会　八月八日盂供施餓鬼会　十月二十一日弘法大師御膳供養会

●拝観料　境内無料。毎月十八日の入園拝観は三百円。

お師匠様の思い出

野中寺名誉住職　野口明真

私は平成十七年に数え年八十歳となりましたが、僧侶として現在ありますのは、ひとえに今は亡きお師匠様のお蔭と思っております。私は大正十五年に農家の次男として生まれましたが、生家との縁が薄く、小学三年生の時に口減らしのため、野中寺に小僧として入りました。

お師匠様は独身・菜食で、戒律を厳格に守っていました。一方で世事に疎く、飄々とした人柄でした。しかし戦中戦後は、お師匠様には大変な出来事の連続でした。空襲被災者の受け入れ、農地解放による収入の激減、後事を託していた一番弟子の戦死などです。お師匠様は、兄弟子の戦死によって寺を継ぐことになった私に「これからは独身の僧侶が寺を護って行ける時代ではない。お前も結婚して、家族で寺を護って行ってくれ」と私に見合い話を勧めました。

見合い話がまとまって、私の生家の両親がお師匠様に今まで育ててもらった御礼を持って来ました。その時、お師匠様は「この子は本尊様に育てられた寺の子です。御礼をもらうことはできません」と言い、御礼を受け取りませんでした。

お師匠様は、私の長男が生まれたのを見届けて、安心したように亡くなりました。以来四十年あまりになりますが、私にはお師匠様が本尊様の側からいつも見守ってくれているように思えます。

道順 〈徒歩〉近鉄南大阪線藤井寺駅下車、羽曳ヶ丘行バスで「野《の》々《の》上《うえ》」下車すぐ。
〈自動車〉大阪外環状線、羽曳野市野中より堺市方面（中央環状線）へ進み右側。駐車場あり。

〈付近の名所〉葛井寺　道明寺　誉田八幡宮　叡福寺

第15番 一乗山《いちじょうざん》 家原寺《えばらじ》

高野山真言宗別格本山　通称・家原の文殊さん、智慧文殊

〒593-8304 大阪府堺市西区家原寺町1丁8番20号 電話072(271)1505

本尊●智慧文殊菩薩　薬師堂本尊＝薬師如来　開山●行基菩薩

●御詠歌●みたらしや　いずみのはすの　うらかぜに　なみもみのりの　こえやたつらん

行基菩薩生誕のご実家

お寺の歴史は古く、今から千三百年昔、奈良時代に生誕されて、後に人々から菩薩と慕われた人がいました。名僧「行基《ぎょうき》（六六八〜七四九）」です。行基様は生誕のご実家を、七〇四年、三十七歳のときにお寺として開山《かいざん》されました。山号の一《いち》乗山《じょうざん》とは、菩薩修行記から引き、菩薩として修行を行なう所という意味です。寺号《じごう》の家原寺《えばらじ》は、家とは実家、原とは母の腹《はら》をさすと伝えられています。つまり、ご両親の菩提を弔うことと、恩に報いることだというのです。

本尊は文殊菩薩で、日本で文殊菩薩を祀られた最初といわれます。菩提僊那《ぼだいせんな》（七〇四〜七六〇年、インドから来た東大寺大仏開眼導師）ゆかりの文殊菩薩として信仰を集め、その霊験は古来より国内随一の名声を誇ります。この文殊様は「智慧文殊」と呼ばれ、各種試験を志望する人々や学生たちの合格祈願で、お参りの人々が後を絶ちません。祈願ハンカチという楽しい祈願の方法も人気があり、本堂の文殊殿《もんじゅでん》は一見の価値があります。

お薬師さんを祀る薬師堂は、文殊殿の東側にあります。広い境内の中でもひときわ大きな「やまもも」の木が目印です。薬師堂は朱塗りの小さなお堂です。中は一般には公開されていません。堂内には厨子を収めた内庫《ないこ》式の壇が祀られています。

厨子の中には、薬師如来坐像と両側に日光菩薩、月光菩薩、それを囲むように十二神将が安置され

ています。何度か修復の跡があり、江戸中期の修復といわれます。この薬師さんも長い間人々に信仰されてきたに違いありません。というのも、もう一つの薬師さんがあるからです。家原寺から南へ徒歩三十分程の所に、行基様のご母堂様の実家という奥の院「華林寺《けいりんじ》」があります。本尊の薬師如来は、地元の人々から「子安《こやす》薬師」「こやすさん」と親しまれ、安産・健康の祈願をしています。そして、家原寺の薬師さんを「すこやかさん」と呼びならわしています。

いつの世も親は子を思い祈り続けてきた証。今に歴史が息づいているのです。参拝の方々には、そんなことを感じていただけたら幸いです。

●主な年中行事　一月一日～七日初詣新年大祈祷会　一月十四日・十五日大左義長《おおとんど》法会　二月二日（旧暦）行基御影供《みえく》　二月第一日曜日節分大ゴマ法会　四月二十一日弘法大師御影供　八月十五日お盆灯籠流し　九月一日施餓鬼法会　十一月七五三・十三参り（毎月定例行事）各種試験合格祈願　八日薬師会　二十五日文殊会　二十八日不動明王ゴマ供法要

●休憩施設　休憩所五十人程可、要予約。費用志納。

●拝観料　入山は志納大人二百円。本堂に上る場合は一人三百円。駐車場は志納。

行基さまとお薬師さま

家原寺住職　寺西浩章

行基さまは奈良時代に、民衆から菩薩と慕われました。菩薩行を実践して生涯を全うしたことを今に伝えています。そのお話として、「福田《ふくでん》」があります。「福田《ふくでん》」とは、福を生み出してくれる田・畑の意味ですが、『大智度論《だいちどろん》』や『諸徳福田経《しょとくふくでんきょう》』などの経典に依《よ》りますと、仏法僧を敬い供養すれば大きな福徳が得られるとあります。しかし、行基さまは少し違いました。行基さまは、国家のためだけにつくす当時の朝廷仏教のあり方に疑問をいだき、寺を出て、貧しい人々、病で困窮《こんきゅう》している人々を救いたいと決心しました。渡来人から土木技術や医療法などを学び、各地に橋をかけ、道や港を造り、交通を便利にしました。また、池や溝、堤防を築いて日照りや洪水の被害を防ぎました。地方から都に税を運んで来た人々が飢えて死んだりしないように、民衆を助けるための布施屋《ふせや》を作り、病院の始まりともいう薬屋《くすや》を作りました。これらの役割を持ち、活動の拠点としたのが四十九院開いたという行基さまのお寺です。

つまり、行基さまの菩薩行とは、自利よりも利他を先として、すべての民衆の利益と安楽を願う、慈悲の心を基とした社会的な救済活動でした。救済すべき対象を社会的弱者に向けて、恭敬供養《きょうけいくよう》すべき対象の仏法僧と同等の意味がある福田だと強く私たちに示されたのです。『梵網経《ぼんもうきょう》』の菩薩戒《ぼさつかい》に「八福田《はちふくでん》の中に看病福田は第一の福田なり」とあり、看病という行為は何よりも尊く大切であるという行基さまのお心を感じずにはおれません。家原寺の奥之院に華林寺があります。ここは、行基さまのお母上の家でした。この本尊薬師如来は、「子安薬師」として親しまれております。ぜひ、この機会にお参りください。皆様が無事に楽しく巡礼されますことを心よりご祈念申し上げております。

合掌

道順　〈徒歩〉ＪＲ阪和線津久野駅下車、南東へ徒歩15分。泉北高速鉄道泉ヶ丘駅より津久野行南海バスで約20分、「文殊前《もんじゅまえ》」下車すぐ。南海高野線堺東駅より堀上緑町1丁行バスで約25分、「向ヶ丘住宅前」下車、徒歩5分。

〈自動車〉阪和道の堺・泉北ＩＣをおりて右折15分。または阪神高速堺線より26号線に入り側道を左折、5分。駐車場は、南大門前に大型バス2台・普通車15台、境内東側に大型バス5台、普通車50台。

〈付近の名所〉世界最大の面積をもつ古墳仁徳天皇陵　百舌鳥八幡宮

第16番 荒陵山《こうりょうざん》 四天王寺《してんのうじ》 和宗総本山 通称・天王寺さん、法花園《のりのはなぞの》

〒543-0051 大阪市天王寺区四天王寺1丁目11-18 電話06(6771)0066(代)
本尊●救世観音 六時堂本尊＝薬師如来 開山●聖徳太子 開創年●推古天皇元年（五九三）

●御詠歌● かしこしな 法のはじめの 名をとりて なにわの寺は すえの世までも

日本仏法最初の大寺

大阪市内で最大の寺域をもつ四天王寺は、また、宗派を越えて信仰を集めています。春秋の彼岸やお盆、毎月二十一日のお大師まいり、二十二日のお太子まいりには、縁日の露店も出て、多くの参詣者で賑わいます。

西門からお参りすると、「大日本仏法最初四天王寺」の石碑が目に入ります。その次にあるのが、大きな石の鳥居（発心門）で、そこに掲げてある額は、聖徳太子または小野道風の筆といわれ、「釈迦如来転法輪の所、極楽土の東門の中心に当る」と、浮彫風に鋳出されています。この門は重文に指定されており、彼岸の中日には、門の真東から日が上り、真西に沈むのです。

薬師如来を本尊として祀っている六時堂は、亀の池の北側に、壮大にして重厚な姿で建っています。新西国霊場等にお参りの人々は、この六時堂に参拝し、納経所で押印揮毫を受けることになっています。

今から千四百有余年前の推古元年（五九三）十月、推古天皇の摂政皇太子《せっしょうこうたいし》であった聖徳太子は、日本仏法最初の大寺である四天王寺を創建され、外交・内政両面の拠点とされました。寺伝によれば、太子は金堂に仏法守護の四天王を安置して平和を祈り、六道利救の五重塔を建立して人々の救済をめざされました。

伽藍の建立にあたっては、四箇院制度により、

敬田院、悲田院、施薬院、療病院を構えられ、物心両面より人々の救済と平和国家の建設に邁進されました。以後、四天王寺では、太子の遺業を継ぎ、教学伝道などの実践活動を通じて仏教の興隆と学校法人四天王寺学園・社会福祉法人四天王寺福祉事業団の各事業の充実につくして、現在に至っています。

●主な年中行事　一月一日初詣　一月十四日修正会結願法要（どやどや）　二月節分の日節分会　二月十五日涅槃会　二月二十二日太子二才まいり　四月二十二日聖霊会舞楽法要　春秋彼岸彼岸会　八月九日〜十日千日まいり　八月十三日〜十六日盂蘭盆会　十二月八日成道会　毎月二十一日お大師まいり　毎月二十二日お太子まいり

●休憩施設　無料休憩所あり、百六十人。

●拝観料　伽藍（大人三百円・高大生二百円・小中生無料）、宝物館（大人二百円・高大生百円・小中生無料）、本坊庭園（大人三百円・高大生二百円・小中生百円）、三十名以上団体割引あり。

六時堂

四天王寺のお薬師さま

四天王寺元管長　槇場弘映

お薬師さんは、正式には薬師瑠璃光如来と申しまして、四方浄土のうち、東方浄瑠璃世界の教主であります。文楽を浄瑠璃といいますが、この言葉は薬師浄瑠璃浄土から来たものといわれております。薬師如来はこの他、大医王如来とも呼ばれるように、医学の仏、つまり病気平癒のご利益があるといわれ、左手には薬壺をお持ちになっておられます。

さて、当四天王寺では、伽藍の北、亀の池前の六時堂（正式には六時禮讃堂と申しますが）にご本尊としておまつりしています。このお堂は、弘仁七年（八一六）、比叡山、天台宗開祖伝教大師の創建と伝えています。

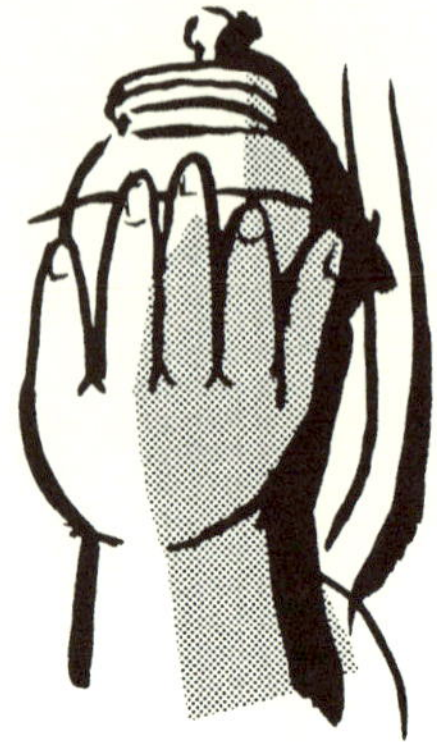

六時堂の前の池は浄土を表わし、ここで聖徳太子の御霊をしずめる聖霊会《しょうりょうえ》や、念仏会などの大きな法会が営まれてきたのであります。中世には薬師講がこの六時堂で組織されるなど、薬師信仰の隆盛が知られています。

今日、六時堂は四月二十二日の聖霊会や、千日まいりの法要場となる他、ご先祖回向やご祈祷のために、毎日たくさんの人々がおまいりになるお堂であります。

道順

〈徒歩〉ＪＲ、地下鉄の天王寺駅、近鉄阿倍野橋駅から北へ７００ｍ、市バス「天王寺西門前」下車すぐ。地下鉄谷町線四天王寺前（夕陽ヶ丘）下車、南へ３００ｍ。〈自動車〉国道25号線の天王寺西門前交差点を東進、四天王寺南門前に駐車場あり。阪神高速大阪環状線の夕陽ヶ丘ランプから天王寺西門前へ。

〈付近の名所〉清水寺　愛染堂　真光院　天王寺公園　通天閣　大阪市立美術館　動物園　今宮戎神社

第17番　護国山《ごこくさん》　国分寺《こくぶんじ》

真言宗国分寺派大本山　通称・長柄国分寺

〒531-0064　大阪市北区国分寺1丁目6-18　電話06(6351)5637

本尊●薬師如来　開山●第四十五代聖武天皇勅願、国師勝賢　開創年●天平十三年（七四一）三月二十四日詔勅

●御詠歌●み仏の　護り給える　国分寺　ゆるぎなき世の　鎮めなりけり

十四天皇の勅願道場

〝日本一長い〟といわれる天神橋筋商店街。その北寄り、天六（天神橋筋六丁目）交差点から東へ約百メートル、北へ折れると左手に国分寺があります。

この寺の沿革は、斎明天皇の時代（六五九）に遡ります。天皇は先帝・孝徳天皇の菩提を弔うため先に入唐した僧、道昭に命じて長柄豊碕宮の旧址に一宇を建立して長柄寺《ながらでら》と称しました。聖武天皇の天平十三年（七四一）に一国一寺の国分寺創設の詔勅が出されると、長柄寺を改称して摂津の国における国分寺、すなわち金光明四天王護国之寺としました。その後「長柄国分寺」とか「護国山国分寺」と呼ばれるようになります。

それ以来約千三百余年、斎明、聖武天皇はじめ十四天皇の勅願道場として法灯を伝えてきました。その間数々の災禍を受け、とりわけ大阪夏の陣の元和元年（一六一五）には全焼し、約百年後に再建落慶。明治初年まで四ヘクタールの広大な境内と寺領を有していましたが、廃仏毀釈でほとんどの領地を失い、戦前には約七百二〇坪を残すのみとなりました。さらに昭和二十年（一九四五）六月には大阪大空襲で多くの寺宝とともに一宇も残さず灰燼に帰し、一部国有地だった関係から無償譲渡も行われ、現在約五百三〇坪を余すのみとなりました。

幸い全国各地の本山所属教師はじめ壇信徒のご

外護で、昭和本堂、霊明殿、護摩堂、鐘楼堂等を再建し落慶し終えたことは、有縁・無縁の方々のお力添えによるものであり、仏恩の広大無辺を報謝しております。

国分寺は明治六年までは一宗一派に属しない勅願道場として独自の地位にあり、徳川中期には幕府の朱印をもって日本国中の巡回には関所道中御免の鑑札発行の特権を与えられ、全国各地に有縁の衆徒数千人を数え、在家信仰者の本山となりました。その後、真言宗教王護国寺所属となったのをはじめ明治末期には高野山に合併せられるなど、さまざまな変遷を経て戦後の宗教法人法公布により「真言宗国分寺派」を公称し、その大本山として現在に至っております。

●**主な年中行事**　一月一日修正会　二月一日〜七日最勝王経法秘供（最勝会）　春秋彼岸彼岸会　五月二日聖武天皇御正忌　六月七日光明皇后御正忌　九月二十三日百万枚大護摩供

●**拝観料**　無料（堂内は宮中真言院道場を摸す）

慈悲を頂く

国分寺宗務総長　丸山秀彦

あるＴＶで見た。独居老人の自殺が増えている。正確には覚えていないが、関東のとある大きな団地で「老人の自殺防止本部」なる看板が集会所の入口に掲げられた。ご多分にもれず、子どもたちは成人すると都会へ出て行き老人だけが残っている。なかでも妻に先立たれた一人暮らしのお年寄りは、部屋に閉じ込もりきりが多い。生きる気力を失い、そのうちに鬱病になり自殺者が増える。

自治会の役員が手分けして訪れるが返事はない。根気よく訪問してやっとドアが開く。部屋の中は足の踏み場もないゴミの山だ。「一人ぼっちはダメヨ。外へ出て皆とおしゃべりをしましょう」。そして何人かが絶望の淵から這い上がってくる。

お薬師様は古来から心の病も治す、と信じられて来た。やるせない孤独感から逃れるには、仏様の前で手を合わせてほしい。力強く声を出してお経を読めば気持ちが和らぐ。お薬師様の慈悲をいただこう。

このごろの世相は何かが狂っている。自然の秩序を無視した環境破壊が繰り返され、大気汚染による地球温暖化が着実に進んでいるようだ。洋の東西を問わず、異常気象、予期せぬ大災害が次々に押し寄せ、そのたびに何千、何万という人命が失われる。人の心もすさんでくる。自制心に欠ける若い年代の兇悪犯罪。海外で拡大する国際テロ事件、恐怖と猜疑心が人々の心を暗くする。

人々に楽を与え、苦しみを除く「慈悲」を願わずにはいられない。

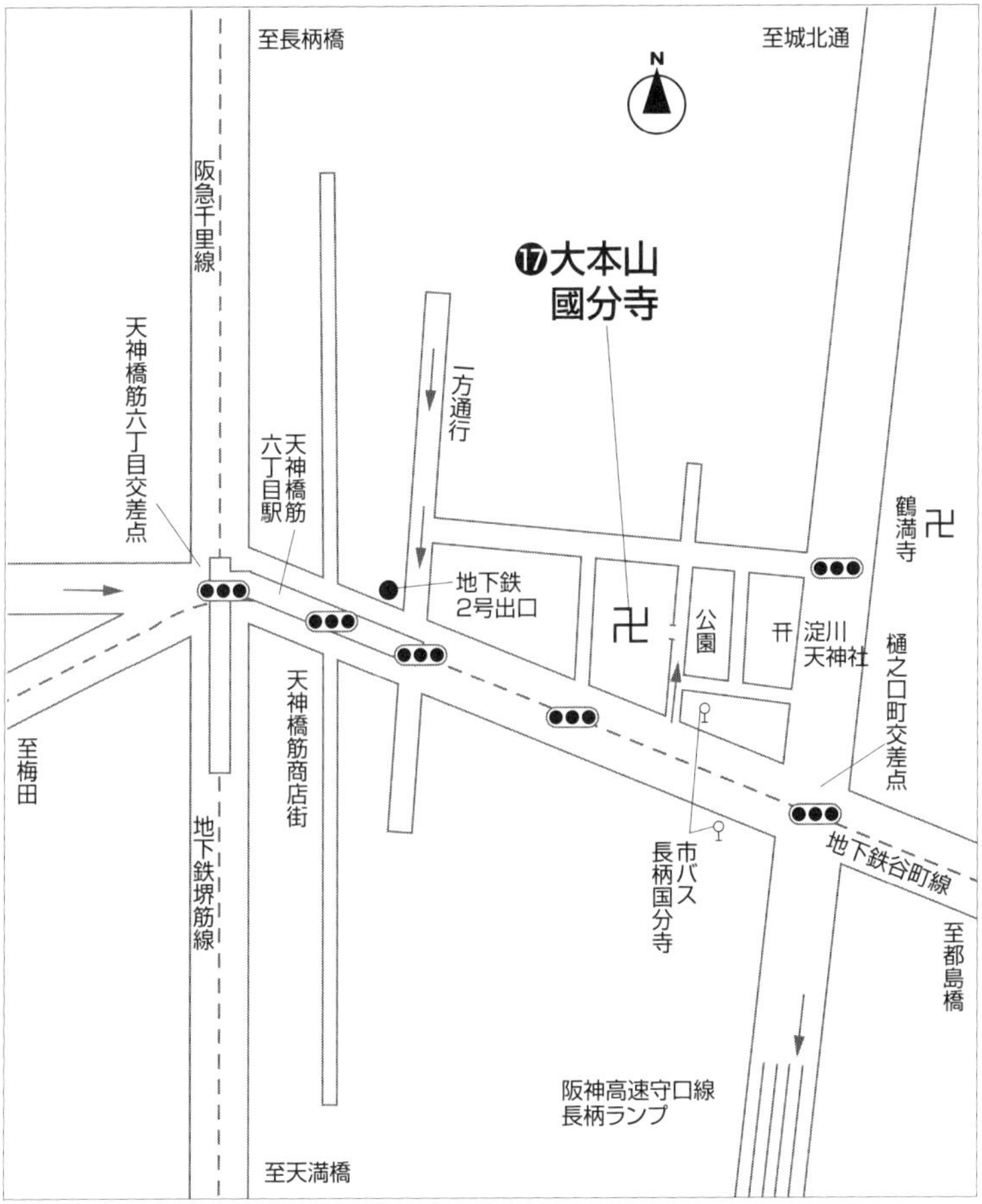

道順 〈徒歩〉地下鉄谷町線、堺筋線、または阪急電車の「天神橋筋六丁目」（天六）下車、2号出口より東へ100m北へ入る。

〈自動車〉天六から都島方面へ約300m北へ入る。阪神高速守口線の場合は長柄ランプをおり、樋之口町交差点を直進してすぐ淀川天神社を左折、突き当たり。

〈付近の名所〉鶴満寺（新西国3番）　淀川天神社（元国分寺天神社）

第18番 大沢山《だいたくさん》 久安寺《きゅうあんじ》 高野山真言宗

〒563-0011 大阪府池田市伏尾町697 電話072(752)1857

本尊●千手観世音菩薩 開山●行基菩薩 開創年●神亀二年（七二五） 中興●空海 中興●賢実（久安元年＝一一四五）

●御詠歌● 年の名に 名づけてたてる この寺に 久しきみよを 祈る安さよ

近衛天皇の勅願所として再興

久安寺は、神亀二年（七二五）に僧行基によって開かれたと伝えられます。天長年間（八二四～八三四）には、弘法大師が真言密教の道場として中興、安養院と呼んでいました。久安元年（一一四五）には、賢実上人が近衛天皇の勅願所として再興、楼門、金堂、塔などの伽藍と、四十九の坊舎を建立し、久安寺と号しました。

豊臣秀吉はここで月見や茶会を楽しんだといいます。そのときの手植の榧《かや》の木や腰掛石が残されています。江戸中期には、歌人の平間長雅がこの寺に在住し、寺の興隆に力を尽くしました。現在は霊園事業を基に昭和の興隆事業を起こし、曼荼羅思想によって諸堂や庭園を整備しています。

お参りは、国の重文に指定されている楼門から始まります。楼門は久安元年に建立されたもので、近衛帝の勅願額を掲げています。昭和三十四年（一九五九）に解体調査をされ、室町初期に大修理されたことが分かりました。室町の彫刻である金剛仁王尊を安置しています。

楼門をくぐれば、苔むす石垣、楓の老木が古刹の雰囲気を漂わせ、参拝の方々を迎えます。楼門から北に三百五十メートルの参道が金堂跡まで続いています。一万坪を越える境内には、季節の花々が咲き乱れ、趣き深い庭園が広がります。

薬医門の奥には、小坂院が本坊として残っています。小坂院は、賢実上人が再興した四十九の坊舎の一つで、往時を偲ぶことができます。弘法大師を祀る御影堂を拝んだ後、西国三十三所観音が祀られている三十三所堂に着きます。

その奥には、弥勒山を背にして、高床式の阿弥陀堂が建っています。本尊の阿弥陀如来坐像（重文）はじめ、多くの仏さまを祀り、文化財を保存しています。平成三年（一九九一）には念願の薬師堂が完成し、薬師霊場本尊の薬師如来立像（市指定重文）を安置しました。庭園とともにこれらの文化財も時間をかけて拝観したいものです。

●**主な年中行事**　一月一日修正会　一月二十一日初大師　二月節分の日厄除星供　三月二十一日彼岸会　四月八日仏生会　六月十五日誕生会　六月最終日曜日あじさい茶席　八月十八日施餓鬼会　九月二十一日彼岸会　十一月第三日曜日もみじまつり　十一月二十三日もみじ茶会　十二月三十一日除夜会　毎月十日十時写仏写経の会

●**宿泊・休憩施設**　近くに「かやの木食堂」「不死王閣」あり。

●**拝観料**　三百円

拝む庭に遊ぶ

久安寺住職　國司禎相

私は久安寺昭和興隆という縁を頂いて諸堂を建立させていただきました。古い記録にたより、曼荼羅思想を基に、境内全域の荘厳は、私の生涯の誠に有り難い事業でした。

その中に「虚空園」と名づけた庭があります。バン字池を中心に四季に色と香と声が楽しめるように作庭されました。

お詣りの方々は、本堂の北に広がる花さくこの庭に出て、歓声をあげられます。花に合掌される姿が見られるような、心を洗う薬か、心の栄養に連なる庭にしたかったのです。歓ばれる庭は、そのまま仏の世界だと思います。豊かな感性で仏の教えをも感受できるのですから、虚空の光の中で、仏の生命を想う瞑想の神秘な時がもてるのでしょう。

浄土は、私の心の中で今つくり出せる気がします。

優しいことばで語り合い、痛む心を癒し合えば、そこは浄土。合掌し合う仏の世界。

歓声をあげた方々は、お顔の表情も仏顔。美しい仏のお姿になられます。

「ありがとうございます」の声を小鳥が聞いています。

「庭を拝み、拝む庭に遊ぶ」と石に刻み、歓声をあげていただこうと、庭の草とりや、荘厳を楽しんでおります。

道順

〈バス〉阪急宝塚線池田駅より阪急バス東能勢線（久安寺行）で約15分。タクシーの便あり、約5km。

〈自動車〉阪神高速池田線木部第一出口を423号線へ、2・5kmで久安寺駐車場、梅田から約20分。または池田市役所から国道423号線で亀岡方面へ北上、約5kmで久安寺駐車場。無料駐車場完備。

〈付近の名所〉箕面公園　五月山公園　宝塚　能勢妙見　勝尾寺　中山観音　清荒神

第19番 昆崙山《こんろんざん》 昆陽寺《こやでら》 高野山真言宗 通称・行基さん、昆陽寺《こんようじ》

〒664-0026 兵庫県伊丹市寺本2-169 電話072(781)6015
本尊●薬師如来 開山●行基菩薩 開創年●天平五年（七三三）

●御詠歌● しあわせを ねがうはこやの やくしそん ぼさつのちかい あらたなりけり

行基菩薩ゆかりのお寺

当寺は、第四十五代聖武天皇の勅願所として、行基菩薩によって天平五年（七三三）に建立されました。『古今著聞集』には、行基菩薩が有馬温泉に行く途中、発願し建立したとあります。

その頃の当地は『万葉集』に猪名野《いなの》笹原と詠まれているような荒地でした。神亀年間（七二四〜二八）に朝廷に奏聞し、勅許を受け、東は伊丹坂、西は武庫川、南は笠ヶ池、北は後通墓の四方を限りとする方五十町の地を賜り、その中心の四町四面に七堂伽藍、僧房、堂宇を建立したのです。また、昆陽池をはじめ大小池十二ヵ所、堀川四ヵ所、樋三ヵ所、溝七ヵ所、堤二十ヵ所などを築き、灌漑をはかり、水田百五十町歩を開墾。これを昆陽の庄と名づけました。行基菩薩自ら刻んだという半丈六の本尊薬師如来、十一面観音、普賢、文殊菩薩像、四天王像などを安置し、国家安全、五穀豊穣などを祈願しました。

西国街道（国道一七一号線）に面した交通の要所にあたり、布施屋を設け、病人、孤独、貧しい人々を救済し、社会福祉事業の拠点となりました。以来、行基菩薩の徳を慕う者数多く来集し、次第に隆盛をきわめ、天平勝宝六年（七五四）二月二日の菩薩遷化後も、遺弟光信ら代々出世して院家を守護してきました。

その後、たびたび火災の難に遭い、ことに天正七年（一五八〇）織田信長が伊丹城主荒木村重を

攻略したとき、兵火にかかり堂塔伽藍が灰燼に帰しました。しかし、行基菩薩の徳を讃仰する信徒、地利の恩恵に浴する行基氏子が物心両面の力を合わせ、昔の遺跡に堂宇を再建されました。

しかし、平成七年（一九九五）一月十七日午前五時四十六分、阪神淡路大震災により数百年の歴史を誇った堂宇も一瞬にして崩壊しました。傾きの小さい堂は起こし、倒れた堂宇は木材や柱を生かし、震災直後より復元・復興工事に着手。平成十年（一九九八）五月に一応の完成を見ました。

山門と観音堂は兵庫県、伊丹市の重要有形文化財に、開山堂内の二天（持国天、広目天）も文化財の指定を受けています。開創以来秘仏とされてきた本尊の薬師如来は、大震災後はお姿を現し、法要時には開帳しています。

●主な年中行事　二月三日節分星供法要　三月二十一日彼岸中日法要　四月二日行基祭法要　八月十七日施餓鬼法要　九月二十三日彼岸中日法要　十二月十二日納め十二薬師法要

●拝観料　無料

癒し系

昆陽寺住職　万波通宏

当寺は国道一七一号線、神戸から京都へ向かう幹線道路に面し、昔から交通の要衝として栄えてきました。開基は行基菩薩で、自作の薬師如来像を安置し、それは半丈六の坐像で秘仏としてのお祀りをいたしておりました。平成七年一月十七日の阪神淡路大震災で消滅寸前の状態にまで崩壊しましたが、やっとの思いで復元ができました。

この地は後醍醐天皇が島流しの途中、「命あれば昆陽の軒端の月をみつ、またいかならん行末の空」と詠まれたほど、今は感じられませんが月の名所、蛍の名所でもありました。境内には西国三十三所観音霊場、小四国と呼ばれる八十八所霊場の石仏を安置し、短時間で簡単に両霊場めぐりを体験してもらっております。

倒壊をまぬがれた鐘楼堂の梵鐘は、天平勝宝元年（七四九）に造営されてより、四代目の鐘として、戦時の供出ものがれ、数百年前と、同じ音色で除夜の鐘、初春の開運の鐘、行基の鐘、お盆の鐘として四季にわたり、参拝者に開放してまいりました。

美しい音色とともに願い事の成就を祈り、また、古人の心に触れ、幸せを願い、癒しを感じていただき、心身共にゆっくりと時代に逆らい、ホッとなごんでいただければ幸いです。余韻が広がるように、仏法も広がりますように。

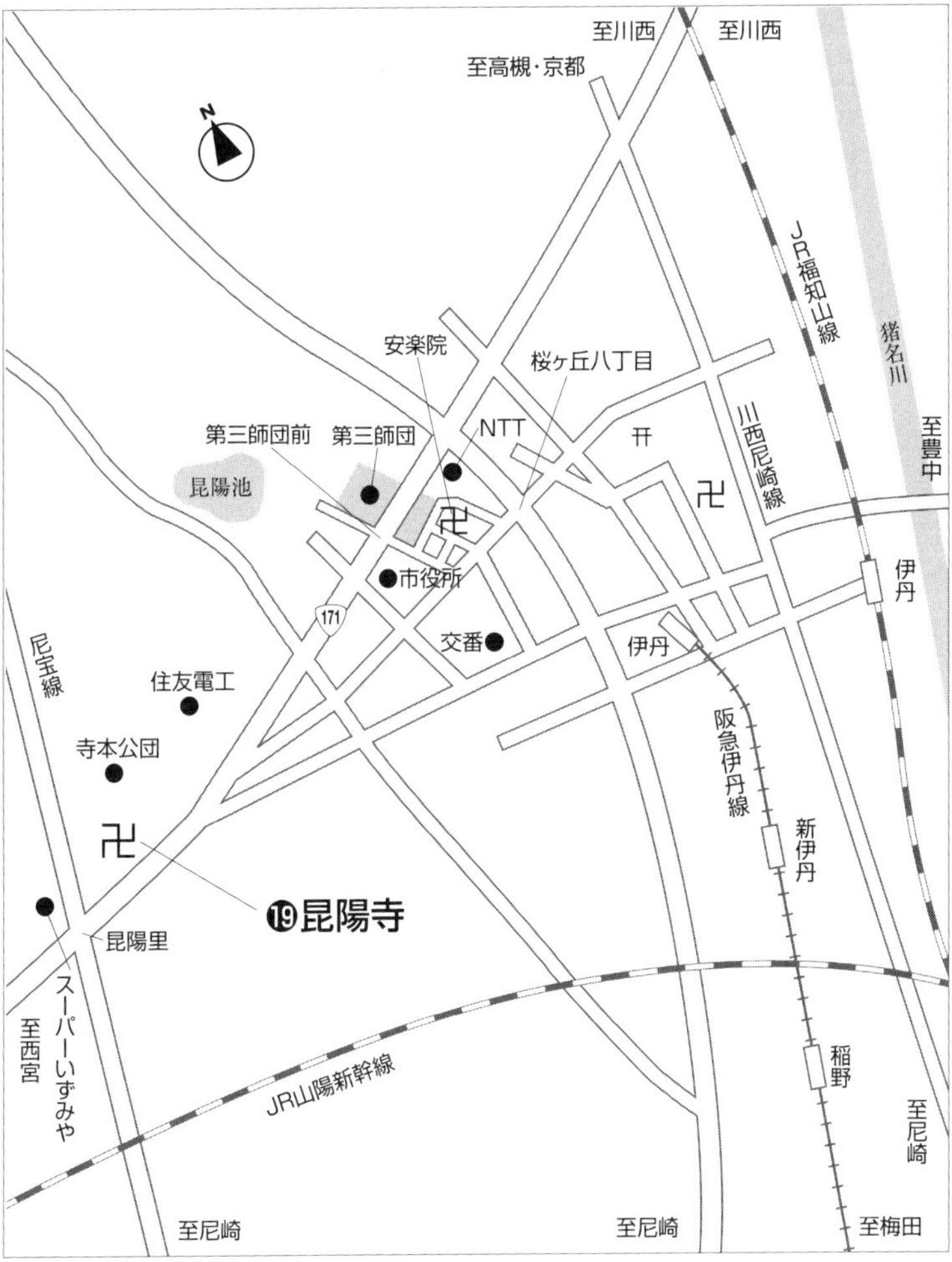

道順　〈徒歩〉阪急伊丹線伊丹駅より、伊丹市バス、阪急バス、共に「昆陽里《こやのさと》」下車すぐ。〈自動車〉国道171号線（西国街道）に沿って建っているため、すぐに分かる。境内に駐車可（自家用車）、大型バス2台門前に駐車可。

〈付近の名所〉昆陽池《こやいけ》公園

第20番　松泰山《しょうたいざん》　東光寺《とうこうじ》

高野山真言宗　通称・門戸厄神、厄神さん

〒662-0828 兵庫県西宮市門戸西町2-26 電話0798(51)0268 http://mondoyakujin.or.jp/

本尊●薬師如来　開山●弘法大師　開創年●天長六年（八二九）

●御詠歌●　南無薬師《なむやくし》　瑠璃《るり》の光《ひかり》に　つみとがも　心《こころ》の病《やま》いも　治《いや》す誓願《せいがん》

日本三躰《たい》厄神明王のひとつ

当寺は通称「門戸厄神・厄神さん」と親しまれ、駅名にもなっています。阪急電車今津線の門戸厄神駅から七百メートルの所にあり、正式には「別格本山　松泰山　東光寺」といいます。寺名の東光寺は、薬師如来がおられる浄土、東方浄瑠璃世界から光が発せられる寺という意味で名付けられました。古くから厄除開運の祈願寺として名高く、多くの人々に知られ信仰されています。

天長六年（八二九）嵯峨天皇が四十二歳の厄年のおり、愛染明王と不動明王が融合一体の厄神明王となって現れ、諸々の災厄を打ち払った夢を見られました。それを聞かれた弘法大師（空海）が自ら厄神明王を三体刻まれ、三年間の厄年を祈祷し無事に過ごされました。その後、一体を国家安泰の厄除けを願い紀州高野山麓の「天野明神」へ、一体を皇家安泰の厄除けにと山城男山の「石清水八幡宮」に、もう一体を民衆厄除けのため、ここ摂津門戸の「東光寺」に納められました。これが世にいう「日本三躰厄神明王」です。

古くは七堂伽藍をそなえ荘厳な構えを見せていましたが、織田信長の荒木村重攻めの兵火にかかり、堂宇が焼かれてしまいました。しかし、弘法大師自刻の厄神明王は一部の損傷もなく、再建されたお堂に祀られました。明治維新の廃仏毀釈により寺領地は縮小されましたが、厄除け守護の厄神明王の威徳は今なお受け継がれています。

現在、境内表門の下には四十二段の男厄坂、中楼門の下には三十三段の女厄坂と呼ばれる厄年にちなんだ階段があり、一段一段厄を落としながらお堂にお参りするようになっています。朱塗りの色鮮やかな中楼門をくぐると薬師堂、厄神堂、大黒堂、大師堂、不動堂などの諸堂が整然と建ち並び、伽藍の背景には山号が示すように山肌一面に松の木が生い茂り寺観を引き立てています。

年中行事の内、特に毎年一月十八・十九日の厄除大祭には、駅から寺までの参道両側に数百軒の露店が並び二日間で数十万人の参詣者で賑わいます。近年は近畿だけにとどまらず、全国各地からお参りがあり、外国居住の人も厄除けに参詣するなど篤信者の人々が日増しに増え続けています。

●主な年中行事　一月一日～七日修正会　一月十八日～十九日厄除大祭　二月節分祭　四月十九日春大祭大護摩供　八月十九日夏大祭大護摩供　十月十九日秋大祭大護摩供　十一月十九日人形供養　毎月十九日厄神例祭　毎月二十一日弘法大師縁日

●入山料　無料

ゆったり行こう

東光寺住職　松田俊教

「向こう三軒両隣」という言葉があります。昔は隣り近所の家族、職業、その人たちの性格までが手に取るように解かり、お互いに助け合い、思いやることが当たり前でした。今はどうでしょう、自分のことしか見えなくなって自分の思い通りにならないと、相手を傷付け、反省もできない人が増えています。

世の中があまりにもスピードアップして、ついて行けなくなったのではないでしょうか。スピードが上がれば上がるほど身の回りが見えなくなってしまいます。例えば新幹線の中から見る景色は数百メートル先しか見ることができません。車の中から見る景色は数十メートル先しか見えません。蟻や蜘蛛のような小さな虫の姿を見ようとすれば歩いていなくては見えません。最近は急ぎ過ぎて、そこに蟻や蜘蛛の居ることさえ見過ごしてしまいそうです。

スピードについて行けない人は、現代人失格のような風潮さえありますす。果たしてそうでしょうか？　交通安全標語に「せまい日本、そんなに急いでどこに行く」というのがあります。私はこの言葉が大好きです。

私達は急ぎすぎて物や心の本質まで見失いかけています。多忙な今日、こんなときこそ神仏に手を合わせ、心を静め、ゆとりと安らぎの生活が必要ではないでしょうか。前方だけを見て走るのではなく、時には立ち止まり、左右をしっかり見きわめると同時に今までの人生を振り返り、反省する心のゆとりを持ちたいものです。合掌、礼拝

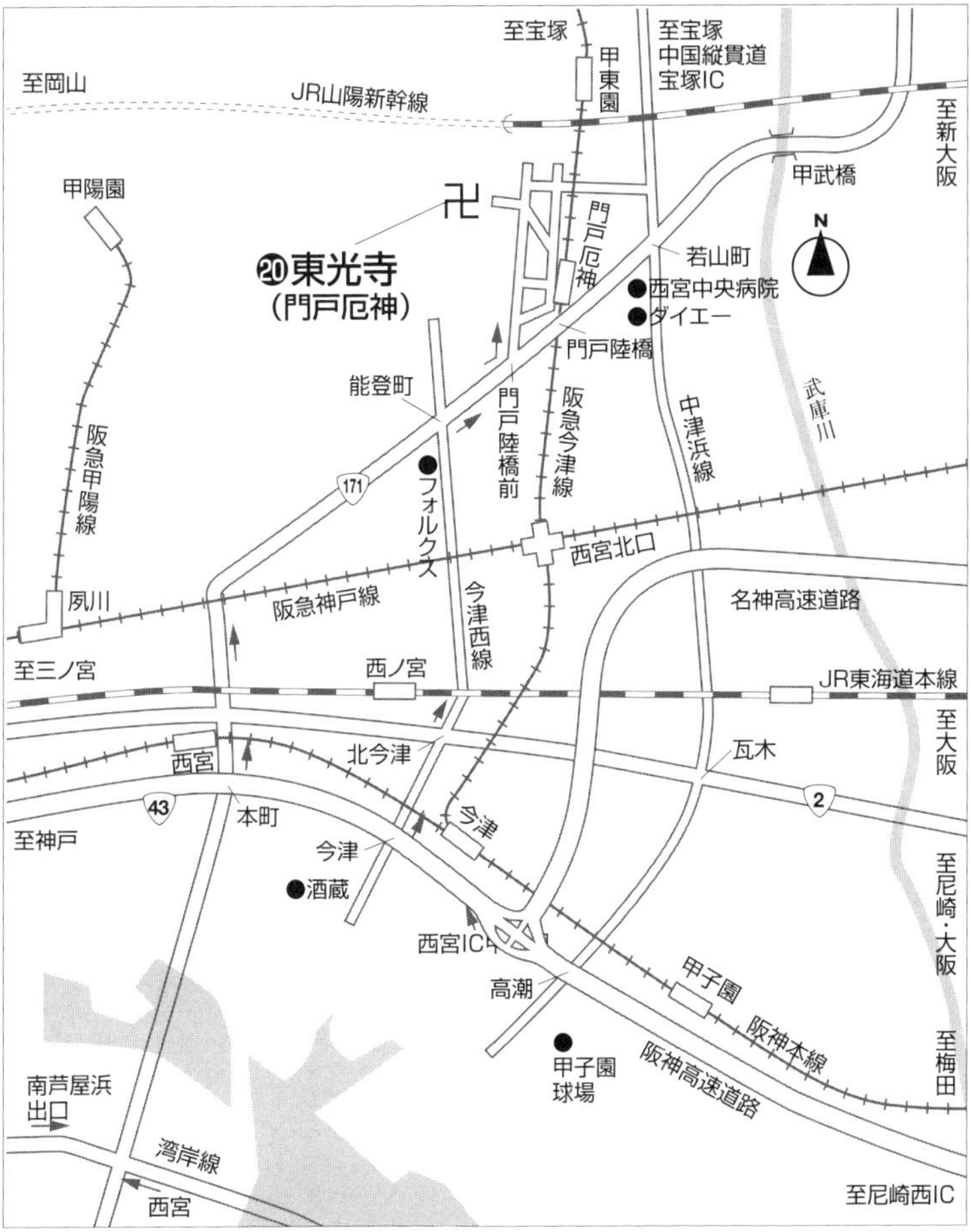

道順	〈徒歩〉阪急今津線門戸厄神駅下車、北西へ約700m。阪急西宮北口駅からタクシーの便あり、約5分。

〈自動車〉国道43号線または国道2号線から国道171号線に入り、門戸陸橋を渡らず、西詰を左折、300m北上。駐車場あり（無料、普通車60台、バスも可要連絡）。

〈付近の名所〉甲子園球場　甲山大師　宮水と酒蔵　西宮戎神社

第21番　東光山《とうこうざん》

花山院菩提寺《かざんいんぼだいじ》

真言宗

〒669-1505　兵庫県三田市尼寺352　電話079(566)0125

本尊●薬師如来　開山●法道仙人　開創年●白雉二年（六五一）

●御詠歌●　有馬富士　麓の霧は　海に似て　波かと聞けば　小野の松風

花山法皇、終焉の地

当山は白雉二年（六五一年）天竺より渡来したとされる法道仙人によって開かれたと伝えられています。ちなみに西国三十三カ所の二十五番清水寺と二十六番一乗寺も、法道仙人によって開かれています。法道仙人は役行者と並ぶ法力を持った修験僧であり、当山もその修行の聖地として開かれました。後に花山法皇（人皇第六十五代花山天皇）は、西国三十三カ所観音霊場巡礼をご再興の後、当山に錫を留められました。

眼のあたりには秀峰有馬富士を見、南には六甲連山、西には広く播州平野から播磨灘、そして小豆島までを一望におさめる幽邃閑雅《ゆうすいかんが》の景色はいたく法皇の御感に召したのでしょう。この山こそ終生仏道修行に励む聖地として他に勝るものはなしと思い定められたのです。その御心は、御製に「名にしおう　我が世はここに尽くしてむ　仏の御国近きわたりに」（当山第二番の御詠歌）と詠まれたことが如実に物語っています。

そして寛弘五年（一〇〇八年）御年四十一歳でご崩御なされるまで、当地で仏道修行にご精進なされたのです。法皇亡き後、当山は花山法皇（花山院）の菩提を弔うお寺として、寺号を花山院菩提寺と称するようになりました。

法皇は後の人から西国三十三カ所観音霊場中興の祖として仰がれ、観音霊場を巡礼する人たちは、花山法皇への尊崇帰依の心を示すべく当山に参詣するのがその勤めとなり、薬師霊場であるこのお山が、西国三十三カ所観音霊場の番号外の札所となったのです。

なお麓には女官たちが花山法皇を慕い来たるも、その時代の出家僧の戒律では男女共に住むこと許されず、自らも尼僧となって生涯を過ごした女官たちの墓「十二尼妃の墓」があり、村の名前も尼寺《にんじ》村と称して哀史を今に伝えています。

●**主な年中行事**　一月一日修正会　五月八日花施餓鬼会　八月十五日盂蘭盆会　十二月三十一日除夜の鐘

●**宿泊・休憩施設**　団体用宿泊施設あり。定員六十人。要予約。

●**拝観料**　無料

巡礼できることの幸せ

花山院菩提寺住職　山本光洋

皆様は遍路といえば「四国八十八カ所」を、巡礼といえば「西国三十三カ所」を思い浮かべられると思います。この巡礼信仰を世に流布されたのが花山法皇です。そしてこの薬師霊場も巡礼です。それゆえ巡礼の原点について考えてみたいと思います。

まず昔の巡礼は歩いて詣るわけですから、高齢者では無理です。ですから巡礼できる人はある程度限られた人たちと言えます。言葉を変えれば恵まれた人たちとも言えるでしょう。これは今の時代にも当てはまります。と言うと、巡礼をする人はすべて恵まれた人たちばかりではない、悲しみや苦しみからの癒しを求めて巡礼する人たちも多いと言われるでしょう。例えば配偶者など肉親との死別による供養のために、また家族の病気平癒祈願のために、その他の悩み解消などの理由で巡礼している人たちです。

しかし敢えていいますと、巡礼できている貴方はもう御仏の慈悲の恵みの中にいます。例えその出発点が苦悩や悲しみからであったとしても、いま巡礼ができている貴方は、自分が巡礼できるに足る健康体で、家族の協力があり、団体なら世話してくださる方があり、お連れになってくれる人があり、時間的余裕が取れて、費用も負担できる。そんな条件が整った貴方であるということです。

私は信仰心の深さは物事への感謝の深さと比例すると思っています。今は悲しみや苦しみが心にあるけれど、まずは今の自分を「感謝」する。このような心を持っている人には御仏もお慈悲の御手を差し伸べずには居られないでしょうね。

さあ、感謝ができる自分づくりのために素晴らしい巡礼を……。

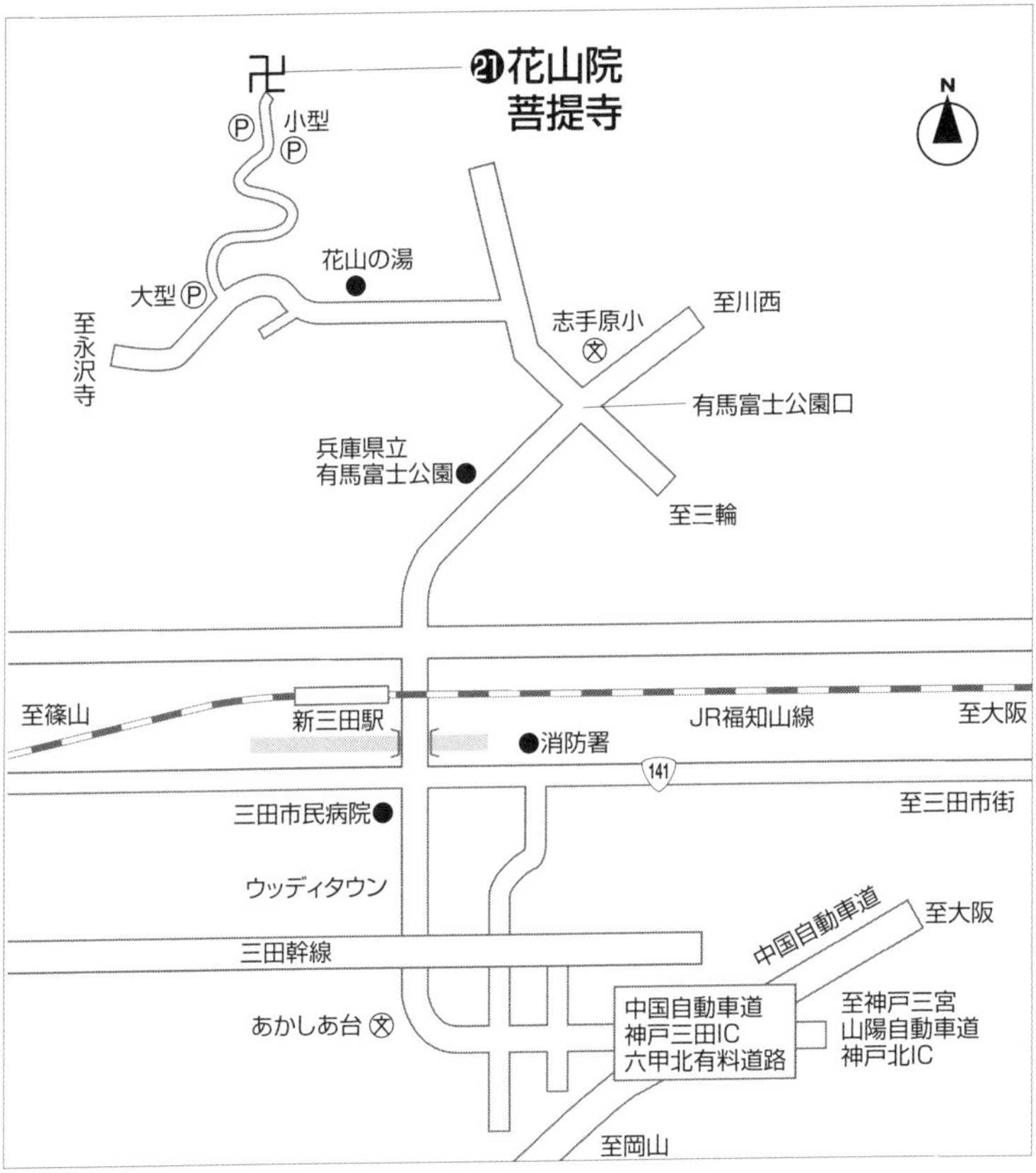

道順 〈徒歩〉ＪＲ福知山線または神戸電鉄の三田駅下車、神姫バス4番乗場から「乙原《おちばら》バレイ」行で約20分、「花山院」バス停下車、山道徒歩約20分。タクシー利用の場合はＪＲ新三田駅からが便利、約15分で山上まで。

〈自動車〉中国自動車道路「神戸三田ＩＣ」を出てウッディタウン方向へ、ＩＣから約25分。中型以下は山上まで登れる。参道維持協力費＝中型以下1000円、普通車以下500円。大型バスは麓の駐車場（2000円）。団体で麓からタクシー利用の場合は有馬交通 TEL079-564-2481。

〈付近の名所〉県立有馬富士公園　永沢寺と花しょうぶ園　青野ダム

第22番 刀田山《とたさん》 鶴林寺《かくりんじ》 天台宗 通称・刀田の太子さん

〒675-0031 兵庫県加古川市加古川町北在家424 電話079(454)7053 FAX079(422)6299

本尊●薬師如来 開山●聖徳太子 開創年●用明天皇二年（五八七）

●御詠歌● いにしえの 鶴の林に散る花の 匂いを寄する 高砂の風

播磨の法隆寺

朝鮮から仏教が伝えられた日本では、崇仏派の蘇我氏と廃仏派の物部氏が対立していました。この頃、高句麗より来朝した高僧・恵便法師は、物部守屋の迫害を逃れて播磨に身を隠していました。これを聞いた聖徳太子は、はるばるやって来て教えを受け、その後十六歳のとき秦河勝に命じて精舎「四天王寺聖霊院」を建立されました。これが当寺のはじまりです。

その後、養老二年（七一八）武蔵の国の大目身人部春則が太子の遺徳を顕彰するため、寺域を拡張して堂塔伽藍を建立し、寺名を「刀田山四天王寺」と改めました。

慈覚大師円仁（七九四～八六四）は入唐のおり、当寺に立ち寄り、薬師如来を刻し、堂塔伽藍を修理して、国家の安泰を祈願したので、以後、天台宗に属しました。十二世紀初め、鳥羽天皇より鶴林寺の勅額を賜り「刀田山鶴林寺」と改めました。

室町時代には、寺領二万五千石、寺坊三百坊、楽人数十名を擁し全盛時代を迎えますが、織田信長、豊臣秀吉、江戸幕府などの圧政、また明治の廃仏棄釈などにより衰亡の一途をたどりました。

しかし、今なお広大な境内には、国宝の太子堂（一一一二年）・本堂（一三九七年）、重要文化財の常行堂、行者堂、鐘楼、護摩堂など十六棟が建ち並んでいます。また、白鳳時代の有名な聖観音像をはじめ、彫刻、絵画、工芸品、文書などの文化財二百余点を所蔵、まさに仏教美術の宝庫です。

通称「刀田の太子さん」「播磨の法隆寺」とも呼ばれ、春の太子会式には植木市、金物市などの露店が立ち並び多くの参詣者でにぎわいます。四季折々に咲く菩提樹、沙羅、さつき、センダン、椿などの花々も参拝者の心をなごませてくれることでしょう。

●**主な年中行事**　一月一日初詣　一月八日初薬師・修正会鬼追い　一月十八日初観音　二月十五日涅槃会　三月二十一日〜二十三日聖徳太子会式　五月八日花祭り（納骨、塔婆回向）　七月七日七夕まつり　七月早朝坐禅と朝がゆの会　八月七日盆施餓鬼会　十月たそがれ坐禅会、十三夜観月会　十二月八日成道会　大晦日朝鮮鐘による除夜の鐘　毎月八日写経会　毎月十八日観音講

●**休憩施設**　百人〜三百人程度可能（要予約、志納）

●**拝観料**　五百円（入山と宝物館）、小中学生二百円、団体割引あり。太子堂・鐘楼の特別拝観料は二百円、団体は要予約。

新薬師堂

お医者さんの奉納した新薬師堂

鶴林寺住職　幹　栄盛

鶴林寺の国宝本堂には、千年前の平安時代に造られた薬師三尊像と毘沙門・持国の二天などがまつられています。しかしこれらは秘仏に指定され、六十年に一度しかご開帳されません。

このことを聞いた江戸時代の大坂の名医・津田三碩《つださんせき》は、門弟や大商人とはかって新薬師堂を建立し、木造の巨大な薬師如来、日光・月光菩薩、十二神将などをまつりました。

実は、三碩は新薬師堂建立着手後すぐに、四十歳の妻を失っています。そしてその供養のため、月光菩薩の頭部に妻の遺骨や薬草などを奉納したのです。わが妻の命を救うことができなかった名医の悲しみと苦しみはいかばかりであったことでしょう。

医学が発達した今日ですらなお、医療ミスがあり、またどうしても助けられない命というものがあるのですから、三碩は薬師如来像完成への情熱をいっそうかたむけ、薬師信仰を深めていったと思われます。以来三百三十年、鶴林寺の新薬師堂には多くの信者さんが参拝されます。なかにはお医者さんから手をはなされた余命いくばくもない人、またその身内の方々も「最後のよりどころ」として薬師如来を拝みに来られます。

信仰とは、人間の「どうすることもできない現実」に直面して、そこからわきあがってくるものでしょうか。しかし本当は、人間はだれでも普段の生活の中に「どうすることもできない現実」を背負って生きています。それを、わたしたちは気づかないだけなのでしょう。

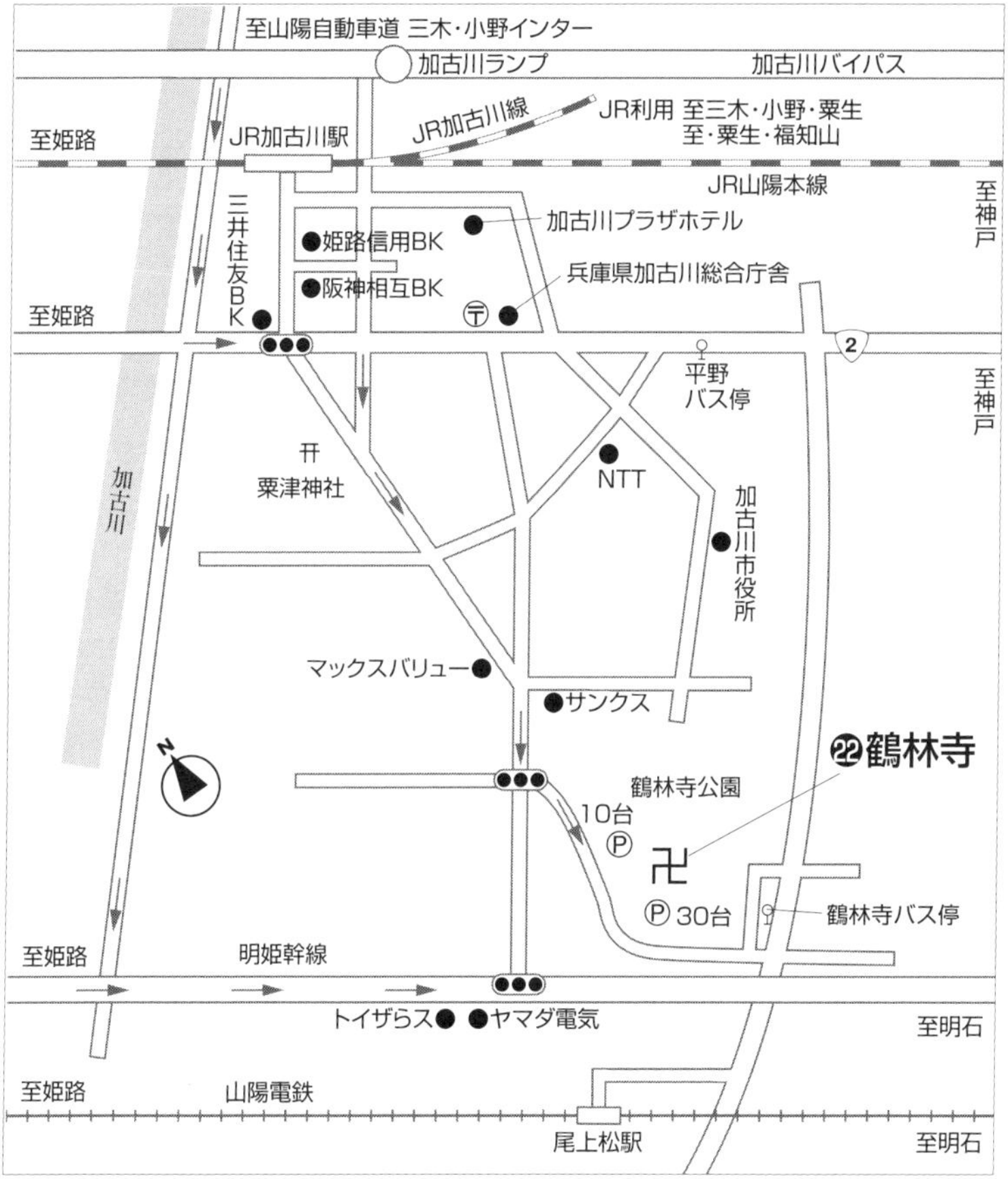

道順 〈徒歩〉ＪＲ神戸線加古川駅下車、ゾーンバス（8分）「鶴林寺」下車すぐ。または、山陽電鉄尾上の松駅下車、徒歩15分。

〈自動車〉加古川バイパス加古川より南へ10分。山陽自動車道三木小野ＩＣより30分。姫路バイパス高砂西から15分。無料駐車場2カ所あり。

〈付近の名所〉尾上神社　教信寺　高砂神社　石の宝殿　日岡御陵　日岡神野古墳群

第23番 いかるが 斑鳩寺《いかるがでら》

天台宗　通称・いかるがのお太子さん

〒671-1561 兵庫県揖保郡太子町鵤709 電話079(276)0022

講堂の三尊●右より薬師如来、釈迦如来、如意輪観音　開山●聖徳太子　開創年●推古天皇十四年（六〇六）

●御詠歌●かみつよの　聖《ひじり》のとくは　いかるがの　はちすのはなと　かほるなりけり

聖徳太子ゆかりのお寺

斑鳩寺は今から千四百年前に、聖徳太子がご開創になった霊刹です。日本書紀によれば、推古天皇十四年（六〇六）秋七月、太子は推古天皇のご前にて勝鬘経を三日にわたり講ぜられました。その後、法華経八巻をも講ぜられ、推古天皇より賜われたのが、播磨国揖保郡の水田百町です。太子は斑鳩荘と名づけられ、法隆寺に施入されました。以来、大和法隆寺の支院として七堂伽藍や数十の塔中が建てられ、播磨の荘園として法隆寺を経済的に支えていましたが、天文十年（一五四一）四月七日、火災に遭い、そのすべてを焼失しました。その後、中興の祖・昌仙法師をはじめとする天台宗の僧侶により再建されたことから天台宗となり、現在に至っています。

伽藍として一番古いのは、三重塔です。赤松政秀の寄進により、永禄八年（一五六五）建立された国指定重要文化財で、太子伝来の仏舎利が輪中に収められています。正面の講堂には、止利仏師一刀三礼の作と伝えられる丈六の坐像三躯（いずれも国指定重要文化財、向かって右に薬師如来、正面に釈迦如来、左に如意輪観音を安置）をお祀りしています。いずれも秘仏ですが、近年は二月二十二日の太子のご命日にご開扉されます。

左手にある聖徳殿には、聖徳太子ご自作と伝えられる十六歳孝養像が安置されています。太子十六歳のとき、父君用明天皇がご病気になられ、七日七晩飲食を絶ち、柄香炉を捧げて病気の平癒を願われました。この時のご尊像で、髪を植えてあることから、「植髪《うえかみ》の太子」と呼ばれています。また御衣を召しておられ、数十年に一度衣替えの行事が行われます。現在の御衣は昭和三十七年（一九六二）に高松宮宣仁親王殿下のご寄進になるものです。太子像の祀られている聖徳殿奥殿は、大正三年（一九一四）に竣工した、法隆寺夢殿を模した八角円堂です。

講堂の裏手にある聖宝殿には、行基菩薩作の日光、月光菩薩立像や十二神将立像八躯（国指定重要文化財）、勝鬘経講讃図、摩利支天像など、多くの宝物が展示されています。

●**主な年中行事**　二月二十二日～二十三日聖徳太子春会式　八月二十一日～二十二日夏会式

●**休憩施設**　六十人。事前に寺へ連絡のこと。志納。

●**拝観料**　聖徳殿内陣拝観、拝観料志納。聖宝殿拝観三百円。

花って何でしょう

斑鳩寺　大谷康文

考えてみれば花とは不思議な存在です。別に腹を一杯にしてくれるわけでもなければ、衣物に加工できるわけでもありません。直接われわれの生活の役に立っているものではないのです。阪神淡路大震災では、僧侶仲間が集まりボランティア活動を行いました。炊き出しが主でしたが、ある人の提案で避難所に花を飾ることにしました。花瓶もすぐには用意できないので、牛乳瓶程度のものに数本の花を差しただけのものでした。しかしこれが予想外に喜ばれたのです。食べるものにも事欠く生活であっても、食べ物に勝るとも劣らないやすらぎを心にもたらしてくれる、花とは本当に不思議な存在です。

花はまた宗教を問わず、別れのときにもよく登場します。イギリスのダイアナ妃の葬列の車に人々が花束を投げかける光景が思い出されます。仏教ではお葬式ばかりでなく、仏事のすべての場面においてお花はつきものです。大智度論にお釈迦様の前世の物語として燃灯仏という仏さまに出会った話がでてきます。そのとき、お釈迦様は供養の品物がないため、近くにいた花売り娘から青蓮華を買って供養したとされ、それがお花をお供えするはじまりだともいわれます。特に蓮華は泥の中から茎を伸ばすのに泥にも汚れず、美しい花を咲かせることから、汚辱にまみれたこの世でも汚れないことを示し、また花が咲くと同時に中に実を結んでいることから、因果の法を象徴しているとされ、供花としてよく用いられます。

堂内で天井を見上げると格天井にたくさんの花が描かれていることがあります。これは枯れない花をいつも仏さまにお供えするという意味合いがありますので、参拝されたとき、ちょっと頭上を見上げてみるのもいいかもしれません。

道順

〈徒歩〉JR山陽本線・網干《あぼし》駅南口下車、山崎行神姫バスで約5分「鵤《いかるが》」下車、300m歩く。網干駅北口よりタクシーの便あり、約3km。姫路駅前より竜野行神姫バスで約30分、「鵤」下車、300m歩く。〈自動車〉山陽自動車道龍野ICより約10分。または、太子竜野バイパス福田ICを南下、鵤北の信号を右折、200m先の標識を左折。門前に無料駐車場あり（春会式の期間中は駐車不可）。〈付近の名所〉桜、紅葉で有名な竜野の鶏籠山一帯の竜野公園
たつの市御津町の綾部山梅林

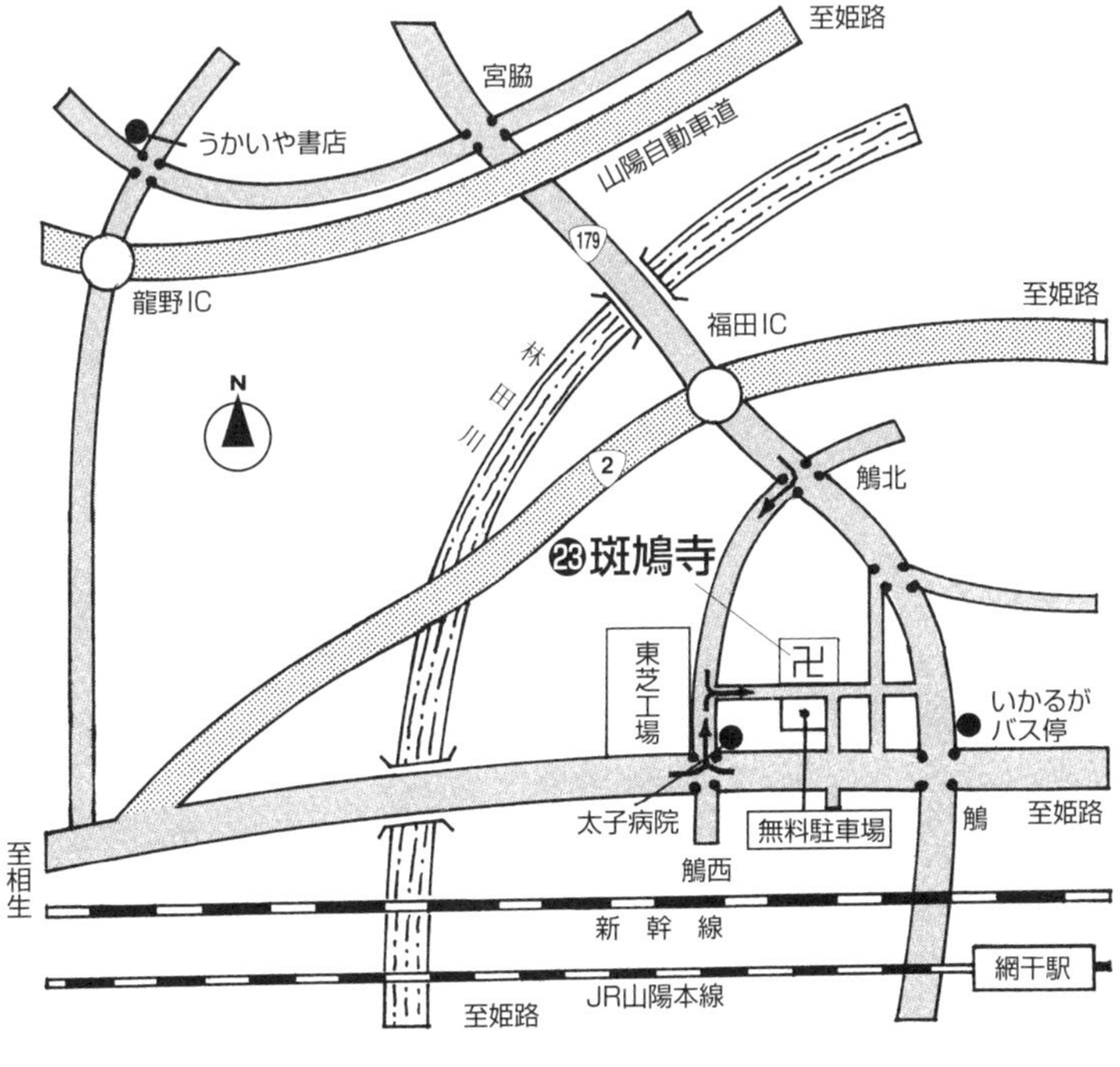

第24番 妙徳山《みょうとくさん》 神積寺《じんしゃくじ》 天台宗 通称・田原の文殊さん

〒679-2205 兵庫県神崎郡福崎町東田原1891 電話0790(22)0339 FAX0790(22)6420

本尊●薬師如来 開山●慶芳上人 開創年●正暦二年（九九一）

●御詠歌● 文殊の御山に 薬師仏 つねに在《いま》せど 遭《あ》いがたし 一期一会《いちごいちえ》の 勝縁《しょうえん》に 大衆《もろびと》まいれ うちつれて

優雅な藤原仏が祀られた寺

寺伝によれば、比叡山延暦寺の第十八代座主慈《じ》恵《え》大師良源の高弟慶芳《けいほう》上人が、全国を巡錫《じゅんしゃく》のとき、この地へ来られました。現在の辻川の有井堂（現存）に一夜の宿を取られると、枕元に文殊菩薩が立たれ、「この東の山裾は仏法興隆の聖地であるので、薬師如来を祀り衆生を済度せよ」と告げられたといいます。山号の「妙徳」は文殊の異名であり、今も「田原の文殊さん」と慕われ、入学、就職の祈願に多くの人々が訪れます。

一条天皇の勅願により、当山が開かれました。上人の弟子、三条天皇の第七皇子覚照阿闍梨の帰依によって、寺運はさらに隆昌し、七堂伽藍と五十二院を数える隆盛を見ました。しかし、延慶二年（一三〇九）火災に遭って焼失。現在の建物は、天正十五年（一五八七）有馬法印によって再建されたものです。

本尊の薬師如来坐像は、優雅で豊満な藤原仏の特色を色濃く残しており、国の重要文化財に指定されています。また、寺の西の小高い丘の上に建つ石造の五重塔は、鎌倉時代のもので県の文化財になっています。この塔の下が慶芳上人のご廟所で、土地の人はここを「定祠《じょうぼこ》さん」と呼んでいます。上人はここに大きな穴を掘り、その中に入ってお経と念仏を唱え、足を組み鉦を打って定に入られました。中の音が聞こえる穴が開けられ、念仏と鐘がやんだら穴をふさぐように遺言されたと伝えられています。

神積寺では、八百年前から伝わる「追儺式《ついなしき》または修正会」の行事が毎年一月成人の日に行われ、遠近よりたくさんの参拝者で賑わいます。本尊の薬師如来が「山の神」に姿を変え、お供に赤鬼(日光菩薩)、青鬼(月光菩薩)を従えて、松明《たいまつ》を振りかざし、息災延命、家運隆昌、七難即滅、七福即生、諸願成就を祈り、燃え終わった松明を空中に投げ上げ、参拝者は悪魔退散、災難除けとしてこぞって松明を奪い合います。

境内には、本堂より五〇メートル南東に、奈良の藤の木古墳と同じ時代と思われる横穴式古墳があります。石室は早い時期に盗掘され、内部には何も残っていませんが、考古学研究には貴重な存在です。民俗学で有名な柳田国男の生家が神積寺の南西約一キロのところにあります。こうした風土が柳田国男を育てたといえそうです。

●主な年中行事 一月成人の日追儺式 三月春分の日文殊会式 五月八日花祭り

●宿泊・休憩施設 すぐ近くに文殊荘あり(要予約)。TEL〇七九〇―二二―四〇五一

●拝観料 志納

安喜門院板石塔婆について

神積寺住職　大塚善忍

山門をくぐり、悟真院で御朱印、納経を行い、さらに進むと正面に石段が見えてきます。この石段の西側の木陰に、板碑がひっそりと建っています。板碑は板石塔とも呼ばれ、材質は当地方より出土する凝灰岩です。高さは、全体で六尺四寸、地上に見えるところは五尺ぐらい。幅は、二尺七寸二分。厚さは、側面が六寸、中心部が七寸で碑面、背面共わずかに膨らみがあります。碑面上部に、二段の切り込みがあるのが塔婆の意味でしょうか。碑面中央に、阿弥陀様の種字（梵字）が、肉太の勢いのある書体で、薬研彫《やげんぼり》されています。銘文が碑面の下部に、四字詰十二行書かれています。書風は鎌倉時代と聞いています。最初に「安喜門院　禅定聖霊」とあり、最後に「弘安九」と読めますので、一二八六年、鎌倉時代に建てられたものと考えられます。

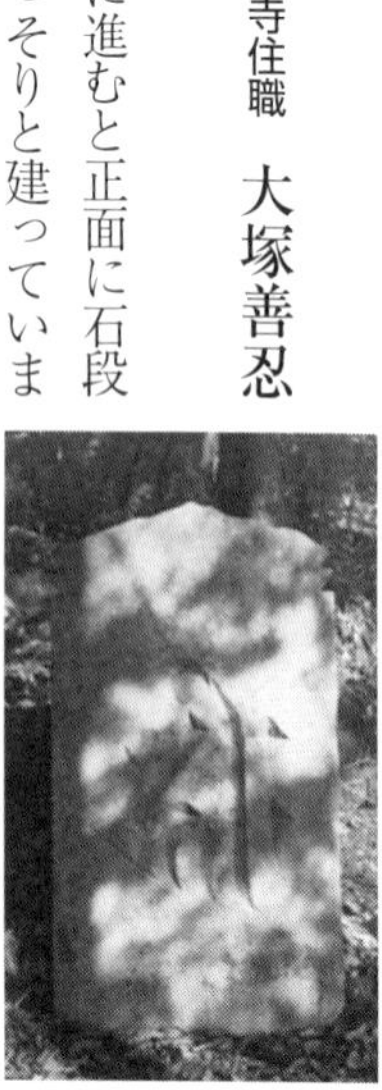

安喜門院とは、後堀河帝の皇后様のことのようです。郷土史研究家の方々は次のように述べておられます。「当寺の縁起、古記録が寺院焼失のため現存せず、伝えられているのは峯相記の他にないが、門院との直接的関係は、縁起からは見い出せない。しかし、開山慶芳上人の父は大納言範卿と言われる。縁起上の諸種を総合して大納言範卿とは、おそらく中納言藤原文範卿の誤りではないか。文範は高倉家の祖、藤原範季の御女、文範の祖父清経は北家冬嗣の孫である。門院の御父公房公も同様、冬嗣の孫基経より出ている。門院と開山慶芳上人との間には、血族関係があったということになる」

板碑よりいろいろなことが引き出され、わが寺院にとっては大変貴重な資料です。ご参拝の節には必ず足を止めて見てください。不思議な板碑です。

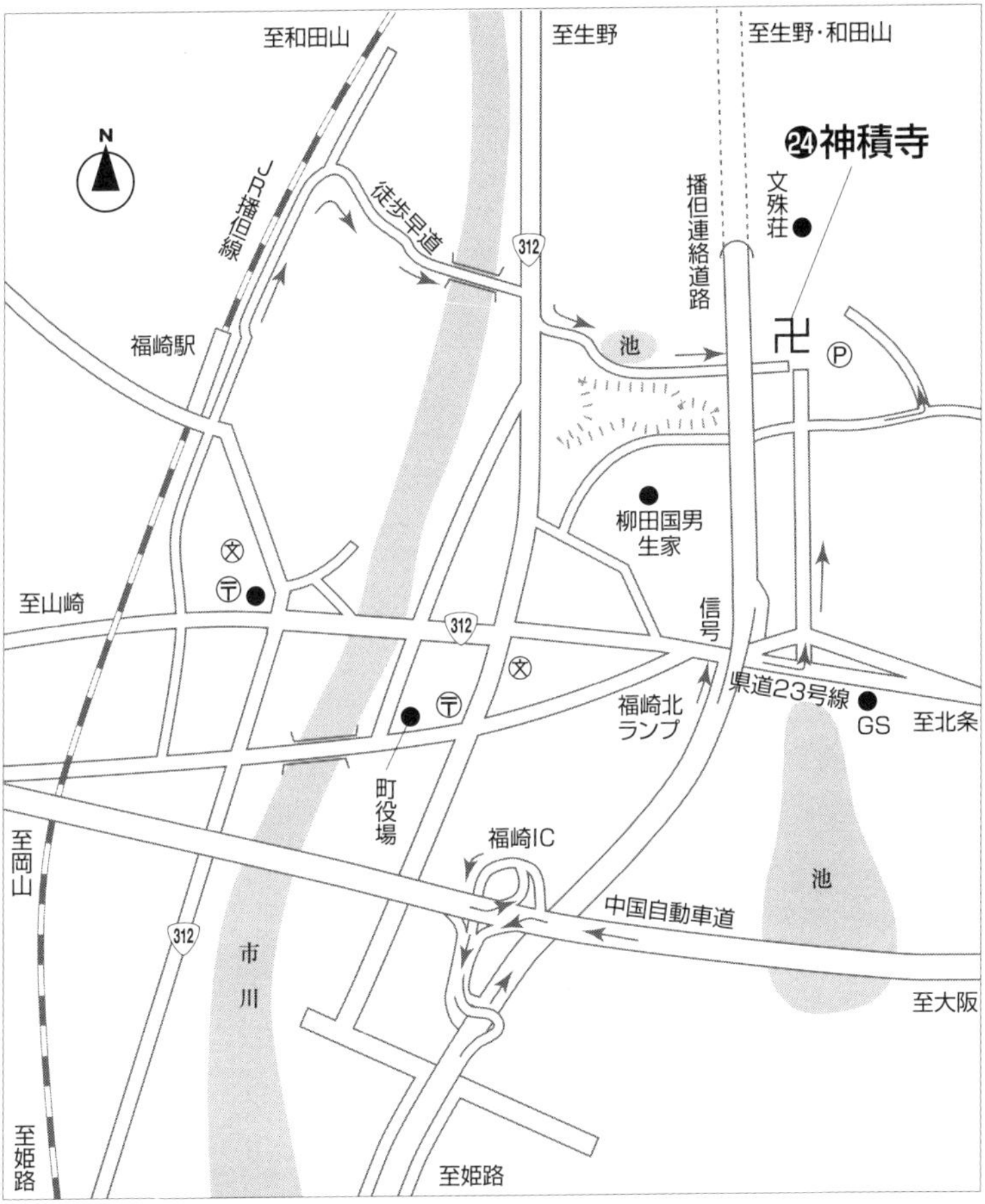

道順 **〈交通機関〉** ＪＲ姫路駅より播但線にて福崎駅下車、東へ徒歩約40～50分、タクシーの便あり。姫路駅より神姫バス粟加行または瀬加行に乗り「辻川」下車、東へ徒歩約20分。**〈自動車〉** 中国自動車道福崎ＩＣを出て、播但連絡道路を和田山方面へ北上、まもなく福崎北ランプで降り、県道23号線を右折、播但道路の下をくぐり、最初の道を左折突当り。自家用車、バス無料駐車場あり。

〈付近の名所〉 書写山円教寺　法華山一乗寺　五百羅漢　塩田温泉　柳田国男記念館　姫路城

第25番 十九峯《じゅうくほう》 達身寺《たっしんじ》 曹洞宗

〒669-3626 兵庫県丹波市氷上町清住259 電話0795(82)0762
本尊●阿弥陀如来 開山●行基菩薩 開創年●不明

●御詠歌● 参り来る 人の障《さわ》りを 取り除く 薬師ましきます 清住の里

仏像の魅力、達身寺

この寺は、行基菩薩によって開かれたといわれ、当初の寺名は不明です。正徳二年（一七一二）に竹雲提山和尚の発願により、師である円通寺（氷上町御油）二十五世大庵清鑑和尚を開山とし、曹洞宗の禅寺として火を灯し現在に至っています。寺名については、十九山の達身堂《たるみどう》をこの地に移したため、十九峯達身寺と名付けられました。

寺伝によると、織田信長の丹波平定の命を受けた明智光秀が、篠山城や保月城などを攻めました。達身寺は当時、僧兵を大勢抱え、山岳仏教の教権を張るような大寺院であったと伝えられています。その僧兵が保月城に加勢をしたため、保月城を落とす前に寺が焼かれました。寺が焼かれる前に仏像を守ろうと、僧侶たちが谷へ運び下ろし、仏像だけがそのまま長い年月置き去りになってしまったと伝えられています。

元禄八年（一六九五）この村に疫病が流行り、多くの人々が亡くなりました。占い師に占ってもらった結果、「三宝を犯した仏罰である」と言われ、村人たちは山に登り、谷あいに放置された仏像を集め、破損していた達身堂《たるみどう》をこの地におろして修復し、仏像を安置したというのです。

達身寺の仏像は、すべて木彫仏であり、大半が一木造りです。達身寺の仏像の特徴は、一寺に一躰奉ればよいといわれている兜跋《とばつ》毘沙門天が十六躰もある、本尊仏になる仏像が多い、未完成の仏像がある、仏像のお腹がふくらんでいる（これは達身寺様式と呼ばれている）などが挙げられます。

郷土史家によれば「達身寺は山岳仏教の教権を張った大寺院というより、お堂を多く持った工房だったのではないか。そこに丹波仏師がいて、造仏していたのではないか」。

達身寺に丹波仏師がいたと認めれば、未完成の仏像がある、本尊仏が多い、同名の仏像が多いなど昔からの疑問は氷解します。もうひとつ、奈良・東大寺の古文書に、「丹波講師快慶」と記されています。鎌倉時代の有名な仏師・快慶が「私は、丹波仏師である」と言っているのです。とすれば、快慶は、この地から出た仏師、または達身寺とつながりの深い仏師といえるかもしれません。ただ、平安弘仁期から鎌倉初期の古い仏様が沢山おられることだけは、はっきりしている事実です。
●主な年中行事　一月三日毘沙門祭り　三月十五日涅槃会　四月二十日大般若会　五月八日花祭り　八月九日お千日さん
●宿泊・休憩施投　近くに市施設「やすら樹」あり。
●拝観料　一人四百円、二十人以上の団体三百円。

もったいない

達身寺住職　渡辺健臣

雲門禅師という人は、宋の高僧であった。あるとき、寺の前の小川で大根を洗っていたが、あやまって、その大根の葉を一枚流してしまった。禅師は流れていく葉をずいぶん遠くまで追いかけて、やっと拾い上げた。それを見ていた近所の人が、「たかが大根の葉一枚ぐらいのことで、そんなに苦労しなくてもよい。天下の名僧の名が泣きますよ」といった。すると禅師は、拾い上げた一枚の葉を示しながら「たとえ大根の葉一枚といっても、みな仏さまが人間を養うため恵みはぐくんでくれたもの。これを捨てては仏の恩を忘れ、仏の道に反することになる。千石の米も一粒から、長江のあの流れも一滴のしずくからじゃ」といって、ものの恩、ものの大切さを説いたという。

ものを大切にするということと、「ケチ」ということとはまったく違う。心の持ち方の上では雲泥の差である。「ケチ」とは何でも自分のものとして手離すことをしない、きたない根性であり、物惜しみする心である。このように物に執着する心は他を顧みない冷たい心であり、自分のことしか考えない利己主義である。このことが、今の社会を毒し、住み難くしているのである。

ものを大切にし、ものの「ねうち」を正しく受けとめることこそ大切であると思う。ここでいう「ねうち」とは、貨幣価値でないことはもちろんのことである。

道順 〈徒歩〉ＪＲ福知山線石生《いそお》駅か柏原駅下車、タクシーで清住へ。

〈自動車〉近畿自動車道舞鶴若狭線春日ＩＣ―北近畿豊岡道氷上ＩＣから県道を北上、氷上北交差点で左折、清住へ。または国道175号線、176号線で氷上町に入り稲継交差点から県道を北上、氷上北交差点で左折、清住へ。寺の前にバス10台程度無料駐車可。

〈付近の名所〉市立休養施設（やすら樹・食事可）→200m・かたくりの群生地（開花時期4月上旬～中旬）→700m岩滝寺・高山寺・円通寺・高源寺・水分《みわか》れ公園

第26番　医王山《いおうざん》　長安寺《ちょうあんじ》　臨済宗南禅寺派

〒620-0928　京都府福知山市奥野部577　電話0773(22)8768　FAX(23)4373　テレホン法話(22)2000

本尊●釈迦如来　薬師堂本尊＝薬師如来　開山●悦堂禅師　開山●麻呂子親王、眼光恵透禅師　開創年●飛鳥時代　中興開山●空山玄東和尚

●御詠歌●　千歳《ちとせ》経《へ》て　松《まつ》の翠《みどり》に　いや映《は》えて　瑠璃《るり》の佛光《みひかり》　永久《とわ》にかえさん

丹波最古の七仏薬師

今をさかのぼる千四百年前、第三十一代用明天皇の第三皇子、聖徳太子の異母弟にあたる麻呂子親王が、勅命によって古丹波の国大江山千丈ヶ岳に住む鬼征伐の途中、戦勝祈願のため七躰の薬師如来像を刻み、七つの寺院に奉納されました。そのうちの一躰がこの地に奉祀され、当寺の沿革が始まりました。

平安時代初期になり、薬師如来を本尊とし、真言宗の鎮護道場として金剛山善光寺が創建されました。その後、長安寺と改名し、二十五ヵ寺の坊を有し、三重の塔や諸堂を完備、中世に栄えていましたが、応永元年（一三九四）火災にかかり、諸堂をことごとく焼失しました。

時代は下って文明六年（一四七四）夢窓国師の法嗣、悦堂禅師が諸国巡錫の際、姫髪山に登り、方一間の草庵に薬師如来が安置されているのを見て、その年の秋、現在の寺域内に七堂伽藍を再建し、禅宗に改めました。しかし、その後も戦乱時代が続き、再三焼失しました。

天文十三年（一五四四）に眼光恵透禅師が入山し、これを嘆かれた福知山初代城主杉原家次公の帰依により、山号を医王山として再々創建されました。今の薬師堂は寛政六年（一七九四）に再建されたもので、お祀りされている薬師如来は、三十三年目ごとに開扉される秘仏です。

現在の長安寺は、本堂、薬師堂、開山堂、観音

堂、弁財天堂、大師堂、心経堂、山門等を揃え、姫髪山麓に位置し、臨済宗南禅寺派の別格地になっています。

境内には樹齢六百年の乳垂れ銀杏があり、その気根を煎じて飲めば乳の出がよくなるといわれています。また本堂前の薬師三尊四十九灯の庭は重盛完途によるものです。近くには長安寺公園があり、四季の変化に富んでいます。特に秋の紅葉は美しく、丹波のもみじ寺として市民からも広く親しまれています。

●主な年中行事　一月一日修正会　一月八日初薬師大祭・初弁天大祭　二月十五日涅槃会　三月・九月春秋彼岸会　四月八日仏誕会　四月十一日開山忌　四月十八日観音春まつり　七月二十三日地蔵まつり　八月十五日孟蘭盆会　十一月中旬紅葉まつり　十二月八日仏成道会

●休憩施設　長安寺公園内に休憩所あり。

●拝観料　三百円

平常心是道

長安寺住職　正木義昭

禅が中国において一番盛んであった唐の時代に、趙洲という横綱級の懐が深い禅僧がおられました。その趙洲が師匠の南泉和尚に、「仏法の大意は何ですか」と質問しました。すると南泉は「平常心こそが道である」と答えられたという有名な禅問答があります。

私たちは普段何とも思わずに生活をしています。その心こそが仏法の一番大切なところだぞといわれる。平常心を求めれば求めるほどかえって逃げていってしまう厄介なものです。相撲や野球でも、普段やっている稽古や練習のときのそのままの自分が、どんな大一番のときにも発揮できる力士や選手は、いい成績を残します。ついあがってしまってとか、頭が真っ白になって何が何だかわからなくなったという経験をみんな持っていると思います。

つまり、平常とは違う自分がでてしまって、平常ということを意識すればするほど、かえってそれに執《と》らわれてしまいます。無門和尚がこの禅問答にこんな頌《じゅ》をつけています。「春に花あり秋に月あり、夏に涼風あり冬に雪あり。もし閑事の心頭にかくるなくんば、すなわち人間の好時節」。季節はめぐり、毎日いろんな事が起こります。辛いこと悲しいこと、また楽しいことが次から次へとやってきます。その時その事にしっかり身を処していくこと、どうにもならないことを詮索せずに、素直に受け入れていくことが、人間の好時節、つまり道につながっていくのではないでしょうか。

道順 〈徒歩〉 JR福知山駅より京都交通バス奥榎原･小牧行にて「半田」下車、徒歩40分。福知山駅よりタクシーの便あり、約6km。

〈自動車〉 国道9号線で福知山市に入り新庄より国道429号線に入り500m、下豊富農協を右折して2km直進。無料駐車場あり。

〈付近の名所〉 福知山城　三段池公園　天寧寺　観音寺　醍醐寺　養泉寺　大江山公園　天の橋立

第27番　紫金山《しきんざん》　天寧寺《てんねいじ》　臨済宗妙心寺派

〒620-0077　京都府福知山市字大呂1474　電話0773(33)3448

本尊●薬師如来　開山●愚中周及禅師（仏徳大通禅師）　開創年●貞治四年（一三六五）

●御詠歌●　紫の　雲のたなびく　天寧寺　何時もたえせぬ　法の声かな

丹波の古道場

天寧寺は、室町時代にこの地方の地頭職大中臣《おおなかおみ》一族の氏寺として、金山宗泰が建て、愚中周及《ぐちゅうしゅうきゅう》禅師を開山として創建された禅寺であり、もとは禅宗二十四流の一派・愚中派の本山です。足利四代将軍義持が師に深く帰依し、祈願寺として以来、代々の将軍や領主がこの寺を保護し、当時は十万石大名と同格の扱いを受けた丹波の古刹です。

福知山市の北部に位置し、国道九号線より国道一七五号線に分かれ、三キロほど行くと北近畿タンゴ鉄道・宮福線下天津駅があります。そこを左折し、谷あいを約三・五キロ入ると、右手上方に天寧寺があります。急な坂を上れば自家用車は境内まで行けます。

境内には、京都府指定文化財の薬師堂が正面にあり、本尊薬師如来、日光・月光両菩薩、十二神将がお祀りしてあります。その右は六角円堂の祖師堂で、開山の愚中周及禅師と、愚中の師・即休《しっきゅう》契了《けいりょう》禅師の木像を安置しています。

即休は元（中国）の人で、愚中が天竜寺船で元に渡り、鎮江の金山寺で研学に励んだとき、指導を受けた師です。

開山の愚中禅師は、天寧寺を開くに当たって、留学の地に因んで山号を紫金山と号し、山下の渓流を揚子江と呼んで、即休禅師の師恩に応え、修行と庶民の教化にあたったのです。

天寧寺の特徴は、禅寺として北丹地方に初めての本格的な禅道場があることです。鬱蒼《うっそう》とした原生林を背景に、静寂に包まれた中で、坐禅によって自己を見つめ直す場を提供しています。

また、多くの文化財を所蔵しており、李龍眠の「十六羅漢図」、即休契了禅師の頂相は国の重要文化財に指定されています。愚中周及禅師の法衣、遺品類は、京都府の指定文化財となっています。

天寧寺の門下には、大呂自然休養村センターがあります。宿泊施設、キャンプ場、テニスコート、ナイター設備の整ったグラウンドゴルフ場があり、心と体にゆとりとやすらぎを与える別天地となっています。
●**主な年中行事**　一月一日修正会　三月二十一日彼岸会供養　八月二十五日開山忌　毎月第三金曜日坐禅会
●**宿泊・休憩施設**　天寧寺の門下に福知山市大呂自然休養村センターあり。休憩百人、宿泊五十人可、要予約。
●**拝観料**　志納

心の点検を

天寧寺住職　田中禅徹

天寧寺の開山、愚中周及禅師は今より六百五十年前、天龍寺船に乗って、元の国へ入られ、揚子江中流鎮江の金山寺で即休和尚について真参実証、師より法を継いで帰朝された日本禅宗二十四流のひとりに数えられる禅僧であります。当時を想えば、まさに命がけのことではありますが、そこまでして禅師が求められたものは即ち「心」であります。本当の自分、本当の心を求められたのであります。

帰朝後愚中禅師は、華やかな都には住することなく、ここ丹波の山間僻地で、名利を捨て、ひたすら修道の工夫をこらされたのでありました。このような開山の禅風を偲びつつ、さて私たちはと考えてみますと、「忙しい」という言葉にふり回されている毎日ではないでしょうか。

物質があふれ、心を忘れている現代社会にあって、動の世界が激しいほど、静の世界をしっかりつかむことが、現在私たちに一番求められていることであります。

幸い天寧寺は、紫金山の原生林を背景に、山下には揚子江（大呂川）が流れる自然と静寂が残っております。時にはこの天与の環境の中で坐禅をして、身体と呼吸と心を調え、自己をみつめなおす機会を、お一人でも多く持っていただきたいと思っております。

道順 〈徒歩〉ＪＲ福知山駅より宮福鉄道に乗換え、下天津駅下車、徒歩約3.5km。または福知山駅より舞鶴行京都交通バス、または雲原行丹海バスで「下天津」下車、徒歩3.5km。福知山駅よりタクシーの便あり、約20分。

〈自動車〉国道9号線福知山市牧交差点から国道175線に入り約3km、下天津バス停より左折約3.5km。福知山駅より約10km。自家用車は境内および休養村センターに、合わせて50台駐車可。バスは休養村センターに5台可。

〈付近の名所〉福知山城　長安寺　三岳山の雲海　三段池公園

第28番 亀居山《かめいざん》 大乗寺《だいじょうじ》 高野山真言宗 通称・応挙寺《おうきょでら》

〒669-6545 兵庫県美方郡香美町香住区森860 電話0796(36)0602 http://museum.daijoji.or.jp

薬師堂本尊●薬師如来 開山●行基菩薩 開創年●天平十七年(七四五)

●御詠歌● 縁《えにし》有るも 無きももらさぬ 大乗の 御法《みのり》ぞ誰か 森村の里

円山応挙と直弟子たちの立体曼荼羅

大乗寺のある香住《かすみ》は、城崎温泉と湯村温泉のほぼ中間に位置し、松葉ガニ、カレイ、イカの漁で賑わいをみせる山陰屈指の漁港町ですが、山も間近に迫り、鮎が泳ぐ清流もある風光明媚な田園地帯でもあります。

大乗寺は、山号を亀居山と称し、弘法大師を開祖とする高野山真言宗の寺です。聖武天皇の御宇天平十七年(七四五)に行基菩薩によって開山され、行基菩薩自ら聖観世音菩薩立像を彫刻されて本尊としてお祀りになったのが始まりと伝えられています。この聖観世音菩薩は、国指定の重要文化財です。また薬師堂には、十一世紀末に仏師智円によって彫られた薬師如来坐像が安置されており、県の重要文化財に指定されています。

寺は一時衰退しましたが、安永年間、密蔵法印が伽藍の再建に尽力し、弟子密英上人が後を継いで完成させました。その際、客殿に円山応挙とその一門の手になる障壁画が描かれました。そのため応挙寺とも呼ばれ、多くの文人雅客が参拝しています。

円山応挙(一七三三~九五)は、初め狩野派の石田幽汀に学び、その後自然の写生に専念したり、西欧の遠近法等の手法を学んだりして、独自の新しい画風としての写生画を完成しました。その写生画はあらゆる階層の人々に支持されて、画壇の第一人者となり、円山派の祖と仰がれています。

応挙が修行中の貧しい頃、当寺の住職が彼の才能を見込んで学費を援助したことが縁で、恩返しとして応挙をはじめ、応瑞、守礼、呉春など十二名の弟子とともに、客殿の大小十三の部屋に障壁画を描いたのです。それが、今私たちが見る障壁画百六十五面であり、すべて国の重要文化財に指定されています。これらは計算し尽くされた配置により、立体曼荼羅の世界を構成しており、絵画が地域、建物、空間、宗教と渾然一体となる、応挙絵画の「場」としての思想の完成を示すともいわれています。

●**主な年中行事**　一月一日～三日新年祈祷会　一月十日千日観音会　二月三日節分星供　二月十五日涅槃会　四月二十日～二十一日町内八十八ヵ所巡拝　七月十日観音祭応挙忌　八月七日大施餓鬼会

●**宿泊・休憩施設**　なし。香住町内に民宿百余軒。

●**拝観料**　大人八百円、小中学生五百円。四十人以上の団体は割引あり。

写心

大乗寺住職　長谷部真道

「意識が意識みずからを意識する」のが人間であるが、人それぞれには明らかに二つの面がある。一つは、自分によって自分はこのような人間であると「考えられた」自分と、もう一つは、自分をこのような人間であると「考える」自分とである。

そしてこの「考える自分」は、自分という者をいろいろに考えるけれども、それ自身は決して「考えられるもの」とはならない。それは意識する方であって意識される方ではなく、捕捉する方であって捕捉される方ではない。だから「考える自分」は永遠に不可得である。

我々はたいてい「考えられた自分」を自分の全体としてしまい、「考える自分」のあることを忘れている。人の世に生きる限り、さまざまな不安、恐怖、苦悩は尽きることなく襲いかかって、我々自身を混乱させる。時には精神的にひどく落ち込んでしまい、絶望の果てに死を選ばんとすることさえある。このような時には特に考える主体我を忘れてしまい、考えられた客体我を自分のすべてと思い込んでしまう。

考えられ、写真の如く写され、絵の如く描かれた自分が、いくらみにくくゆがみ、あるいは病んでいても、それを考え、写し、描く自分は、尊厳に満ちた命ある限り、病むことも老いることもなくあることを忘れてはならない。それは静かに祈る心の中にある。

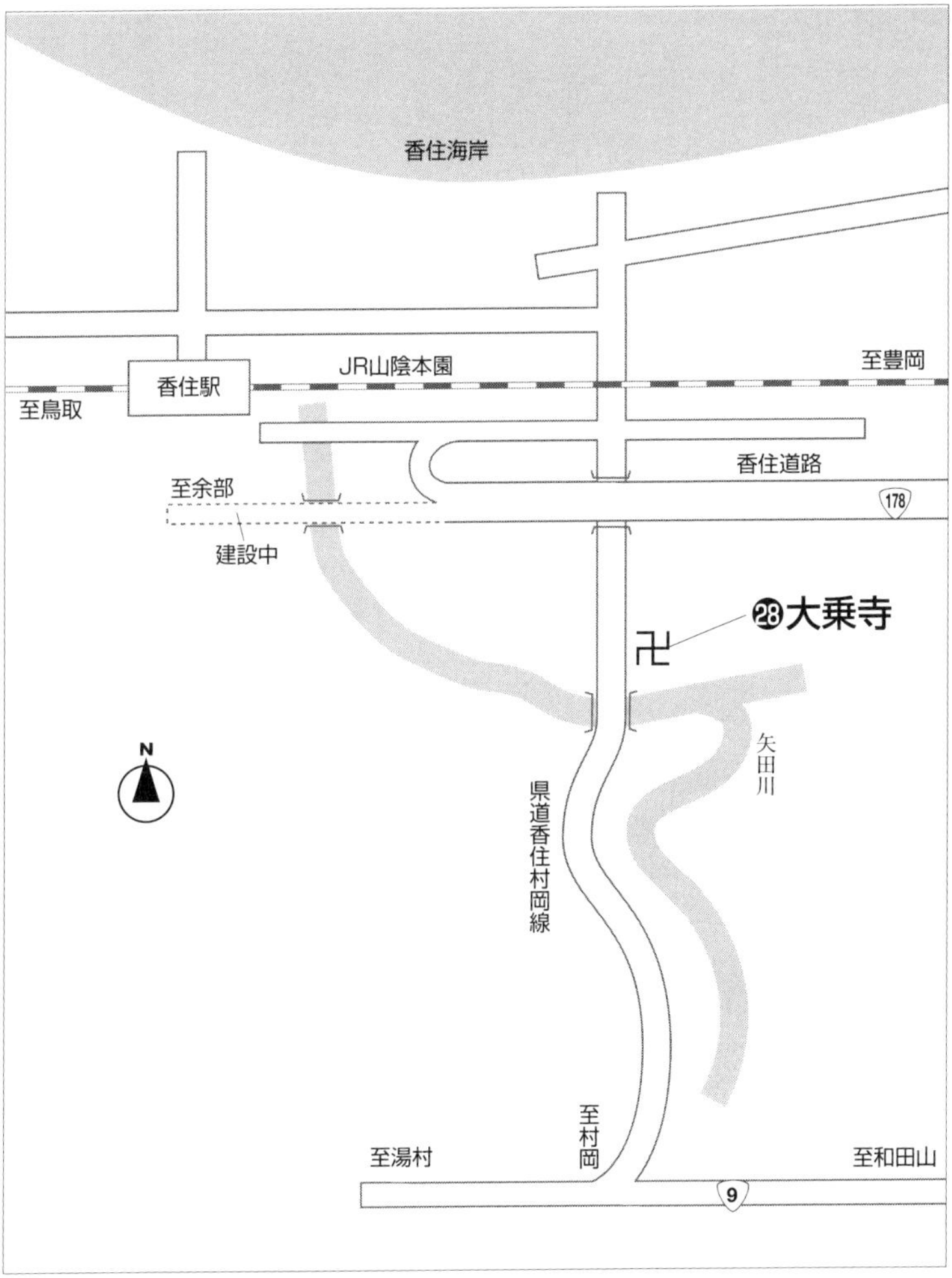

道順 〈徒歩〉ＪＲ山陰線香住《かすみ》駅下車、歩いて20分。
〈自動車〉国道178号線で香住に入り、村岡への道を約5分左側。国道9号線村岡より30分。

〈付近の名所〉山陰海岸国立公園　香住浜坂遊覧船発着場

第29番 末代山《まつだいさん》 温泉寺《おんせんじ》 高野山真言宗

〒669-6101 兵庫県豊岡市城崎町湯島985-2 電話0796(32)2669(本坊)、2689(庵)
本尊●十一面観音 薬師堂本尊＝薬師如来 開山●道智上人 中興●清禅法印 開創年●天平十年（七三八）
●御詠歌● ゆのしまの いでゆをまもる みほとけの あつきなさけを くみてこそしれ

城崎温泉守護の寺

城崎温泉は、地蔵菩薩の化身といわれる道智上人が、衆生済度の大願を起こして諸国を巡錫の折り、養老元年（七一七）この但馬の地に来ました。当初は鎮守四所明神の神託により、一千日間の祈願修行をし、温泉（現在のまんだら湯）を開きました。その後、大和長谷寺の観音と同木、同作の観音像を感得して、温泉寺を開創しました。天平十一年（七三八）聖武天皇より末代山温泉寺の号を賜った名刹です。

現在、城崎温泉には百軒余りの旅館、ホテルがあり、それぞれ内湯がありますが、元来は外湯を中心に発展してきた温泉地であります。現在七ヵ所の外湯があり、「七湯めぐり」と称して浴客に人気があります。

七湯の功能は、厄災消除の湯「さとの湯」、衆生救いの湯「地蔵湯」、子授けの湯「柳湯」、開運招福の湯「一の湯」、美人になれる湯「御所の湯」、しあわせを招く湯「鴻の湯」、一生一願の湯「まんだら湯」とそれぞれ違い、この七湯めぐりを七度（旅）することにより四十九の徳を得、終始苦難を免れるといわれています。

薬師堂前には境内より湧出の泉源「やくし湯」の湯呑み場があります。また門前には足湯もあります。西国薬師ご朱印希望の方は、山門を入り薬師堂にご参拝ください。ロープウェイを利用する必要はありません。時間に余裕のある方は、ロープウェイにて本堂にご参拝ください。

本堂は、室町時代の代表的建造物で重要文化財に指定されています。本尊十一面観音（秘仏）、千手観音など多数の仏像を安置しています。本堂横には、城崎美術館があり、温泉寺所蔵の仏像、仏画、古文書などが展示してあります。

●主な年中行事　一月一日新年祈祷会　二月節分の日節分会（星まつり）　三月彼岸彼岸会　四月二十四日開山忌（温泉まつり）　七月八日薬師まつり　九月彼岸彼岸会　十二月三十一日除夜

●宿泊・休憩施設

宿泊施設なし。休憩（薬師庵）百人可、事前に連絡のこと。費用志納。

●拝観料　薬師堂無料、本堂・美術館共通四〇〇円

温泉と薬師如来

温泉寺住職　小川祐泉

城崎温泉は、養老年間（七一七〜二四）道智上人により開かれました。上人衆生済度の大願を発し当地に巡錫、鎮守四所明神の神託により、一千日間八曼荼羅の修法により温泉を開発され、後天平年間（七二九〜四九）大和の国、長谷寺の観音と同木同作の尊像を感得し当山を開創され、聖武天皇より末代山温泉寺の山号寺号を賜わる古刹であります。

当寺は観音霊場でありますが、温泉と密接な薬師信仰の場でもあります。境内の薬師堂には浴客守護のご本尊としての薬師如来をお祀りしてあります。

仏教では、施薬、療養を主としてつかさどる仏は薬師如来であり、仏説によると、この世界より東方十恒沙の仏土を過ぎて、浄瑠璃世界という薬師瑠璃光如来の支配せられる浄土があり、この如来が菩薩であった時に十二の大願を発し、その誓願が満たされてこの浄瑠璃世界に仏となられたので薬師瑠璃光如来といわれるのです。十二の大願の中に「我が名号を一たびでもその耳に経れば衆病悉く除き身心安楽ならん」とあります。温泉に浴して病を療することは、往古より日本で盛んに行われています。薬師信仰と温泉浴療法があいまって、温泉地に薬師如来が祀られるようになったと思われます。

当温泉寺古記録によれば、城崎温泉に入湯に訪れた諸人は必ず温泉寺に参詣し、開山道智上人宝前に供えてある湯杓を住職が祈念し、これは温泉開祖道智上人の尊き御手をもって霊湯を浴びると心得、粗末に扱わぬように諭し、また温泉寺ご本尊十一面観音、温泉守護の薬師如来の御真言を唱えながら全身に湯浴をするようにと入浴の作法を授けて授与した、とあります。

道順

〈徒歩〉ＪＲ山陰線城崎温泉駅下車、温泉街を西へ歩いて15分。または駅から町内バスで「鴻の湯」下車すぐ。駅からタクシーの便あり。〈自動車〉豊岡から円山川に沿って北上、城崎温泉街で左折、温泉街の中を西へ突当り。有料駐車場あり（マイクロ＝一晩２５００円・２時間以内１５００円、小型・普通＝一晩１３００円・２時間以内７００円）。

〈付近の名所〉城崎温泉　極楽寺　特別天然記念物玄武洞　日和山遊園（山陰海岸国立公園）　城下街出石町（小京都）

㉙温泉寺（薬師堂）

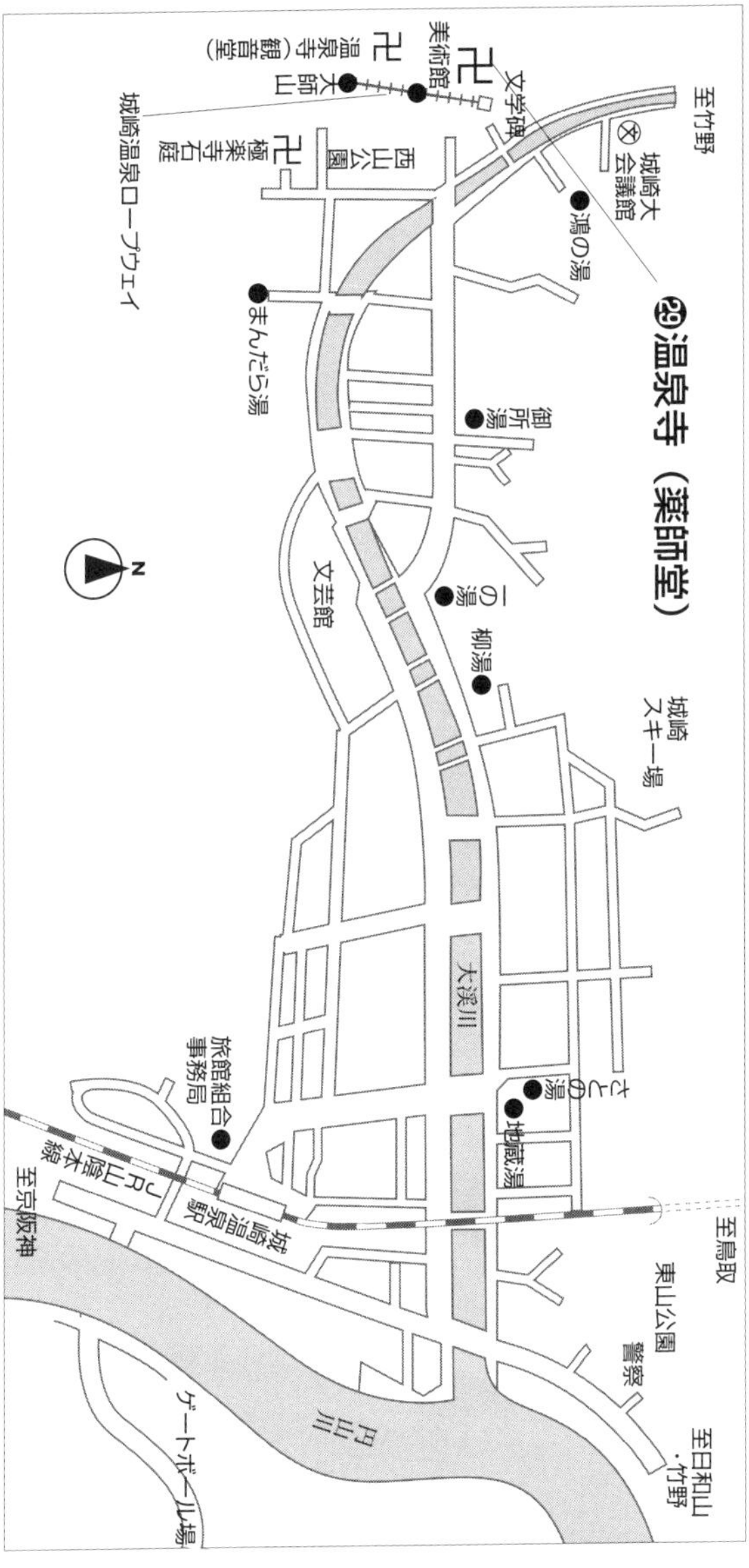

第30番 医王山《いおうざん》 多禰寺《たねじ》

真言宗東寺派

〒625-0152 京都府舞鶴市字多禰寺346 電話0773(68)0026 連絡所(62)1180 FAX(64)2122

本尊●薬師瑠璃光如来 開山●麻呂子親王 中興●奇世上人 開創年●飛鳥時代(五八五)

●御詠歌● さきのよに まきつるたねの おいいでて のりのはなさく はるぞうれしき

目と耳を癒してくれる薬師さま

多禰寺は、大江山の鬼退治の伝説とも関係があるようです。今から千四百年以上も前、丹波丹後地方に三大豪族が君臨しており、大和朝廷に対して反旗を翻しました。同じ頃この地方に悪病が流行し、人々は不安に戦《おのの》いていました。当時の帝は用明天皇でしたが、大変心を痛められ、「すぐに乱を平定し、病の人々を救うべし」と、天皇の第三皇子（聖徳太子の弟君）麻呂子《まろこ》親王に命じられました。麻呂子親王は自ら討伐軍を率いて大江山にむかい、激戦の末、反乱を平定されました。

親王は戦勝を祈願して、薬師如来を七体刻んで七つの寺院に奉納されましたが、当地にこの寺を建て、その一体を祀られたといいます。薬師如来による施薬救済の法を伝えるとともに、民心の安定をはかり、仏法と医薬によって、病苦の人々を救いました。当寺はこの地方に最初に仏教をもたらした寺といえます。

平安時代になると、中興の祖となる奇世上人が現れます。その博識は桓武天皇に認められ、平安京の造営に招かれて、実力を発揮しました。その功績によって、多禰寺は多くの寺領を賜わりました。七堂伽藍が整備され、八寺十二坊を擁する大寺となり、近郷の総菩提寺として繁栄しました。

しかし、室町時代以降、打ち続く戦乱に巻き込まれ、次第に衰退没落して、寺の威容は消えてしまいましたが、麻呂子親王ゆかりの七仏薬師への信仰は、脈々と受け継がれてきました。「多禰寺のお薬師さまは、眼と耳を癒してくれる仏さま」として知れわたり、今も地元の根強い信仰に支えられ、人々の心の中に生き続けています。

多祢山の中腹、海抜三百メートルのこの寺に着くと、山門の金剛力士像（重文）が雄々しく迎えてくれます。本堂には、薬師如来、日光・月光菩薩、普賢菩薩、不動明王、毘沙門天などの諸像が安置されています。

境内からは、舞鶴湾が眼下に一望でき、景色のすばらしさに息をのみます。薬草栽培跡地や境内、建物のたたずまいなどに、歴史の重さを感じさせられます。都会の華やかな寺と違って、杉木立に囲まれた静かな古刹の雰囲気と豊かな自然に思い切り浸ることができます。

●**主な年中行事**　一月一日修正会　春秋彼岸彼岸会　八月十五日盂蘭盆会

●**宿泊・休憩施設**　なし

●**拝観料**　入山料二百円、宝物殿五百円。

平安最古の普賢菩薩

忘れてはなるまい

多禰寺住職　松尾法空

出船入船の舞鶴湾を眼下に遙か彼方、丹波の連山を望む当山の山裾に引揚記念館があります。館内には、厳寒のシベリア抑留所の悲惨な暮らしを物語る、引揚者の所持品等が数多く一堂に展示され、訪れる人の心に訴えるものがあります。

終戦の翌年昭和二十一年より、外地から続々と興安丸他の引揚船で入港検疫をすませ全国に帰郷された邦人は、六十余万人になりました。幾山河を越え祖国に辿りついた人々の顔には、苦渋とも安堵ともつかぬ姿が伺えました。家族と抱き合い生きて帰れた喜びに頬をほころばす人、望郷を夢見ながら倒れた戦友の遺骨を胸にいだいて佇む人、時には鬱憤怒号が交叉し眉をひそめる情景等々、「母は来ましたこの岸壁に」と唄われたように、ひたすら乗船者名簿を幾度となく喰い入るように見つめて肉親の帰りを今日か明日かと待ち侘びる人――この光景が当時十三歳の私の脳裡に焼き付いて年老いた今も離れません。

あれから半世紀、無一物の廃虚の中から復興に立ち上がり、勤勉努力が実り世界一流の大国になりました。元号も昭和から平成と改まり、当時を偲ぶものは悉く風化しつつあります。長足の進歩は止まるところがないのでしょうか、昨今の世情は大きな問題を沢山かかえております。光強ければ影もまた比例して強くなります。ここで踏み止まり自ずからの足元を見直し、襟を正すことも忘れてはならないと思います。

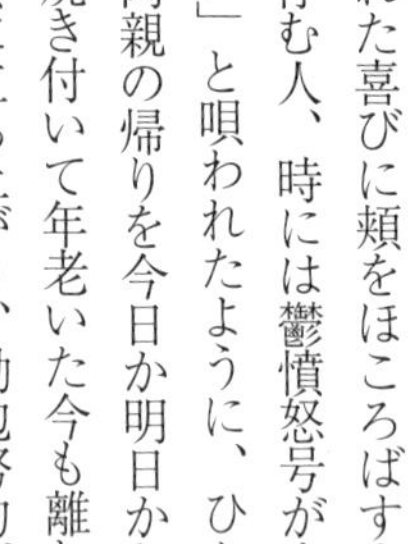

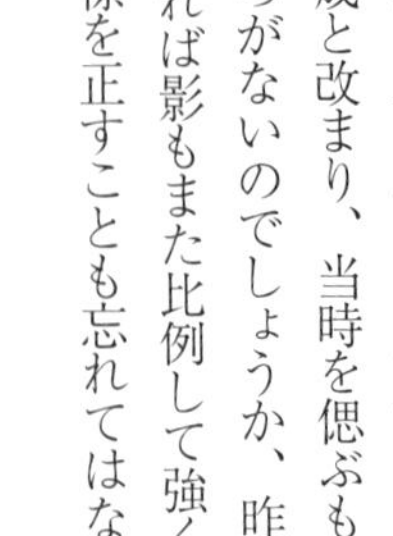

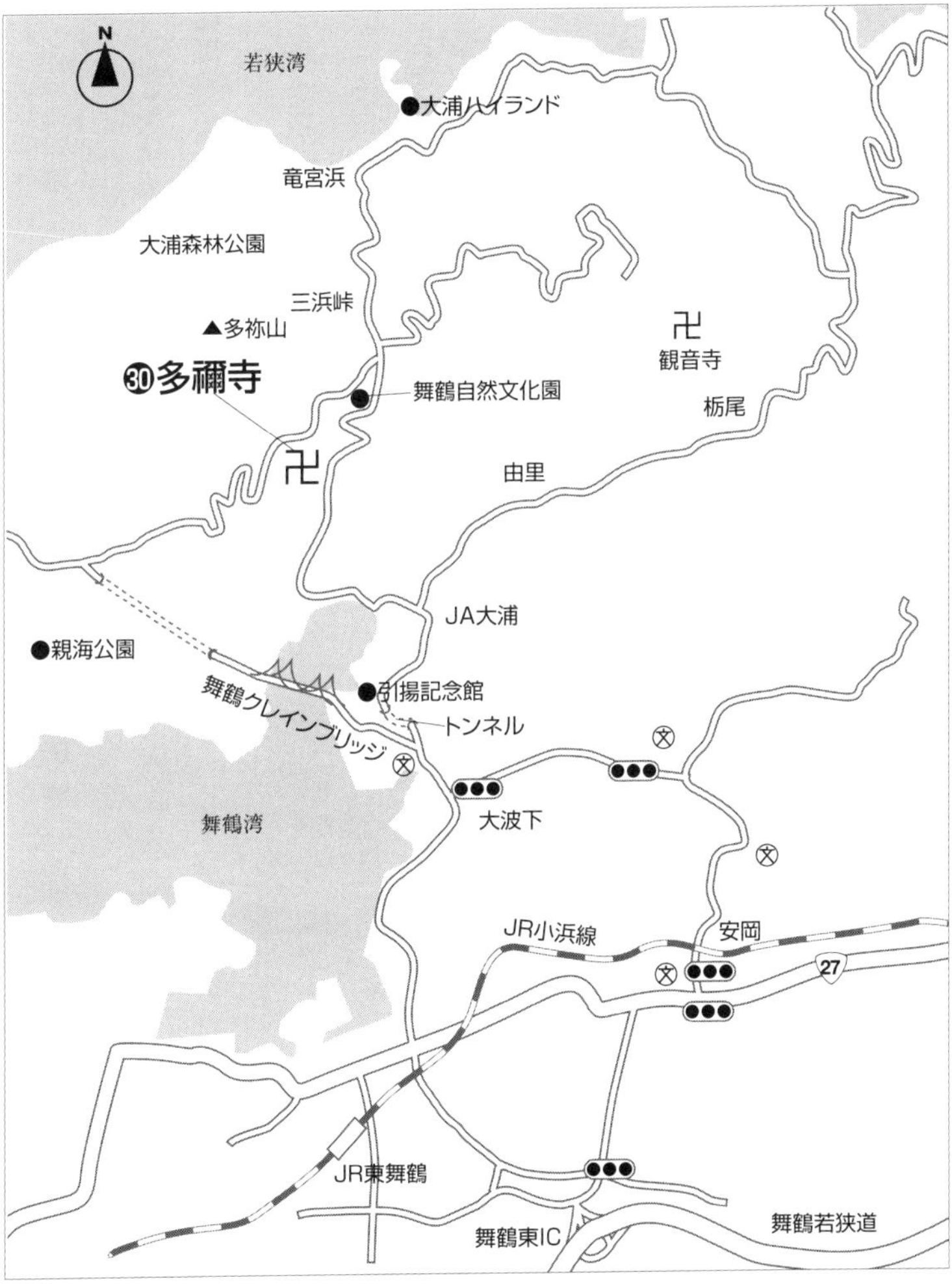

道順 〈徒歩〉ＪＲ東舞鶴駅下車、タクシーまたは路線バス利用12km。
〈自動車〉舞鶴若狭道東インターより10km約30分。

〈付近の名所〉金剛院　円隆寺　松尾寺　引揚記念館　椿園遊園地　竜宮浜海水浴場

第31番 医王山《いおうざん》 総持寺《そうじじ》

真言宗豊山派　通称・頭の薬師、ぼたん寺

〒526-0831 滋賀県長浜市宮司町708 電話0749(62)2543

本尊●薬師如来　開創●行基菩薩　開山●実済法印　開山年●永享二年（一四三〇）

●御詠歌●ぼうたんの　花に立ちます　瑠璃光に　はぐくまれゆく　総持のこころ

秀吉の城下町長浜のぼたん寺

総持寺は、天平の昔、行基菩薩が聖武天皇の勅命を受けて国分寺の試寺《ためしでら》として開かれました。その後一時衰退しましたが、室町時代に、実済法印が足利義教公から六百石の朱印を賜り、諸堂伽藍を建立、後花園天皇の勅願寺となりました。

その後は、京極家や浅井家の庇護を受けて栄えました。姉川の合戦のあおりを受け、兵火によって七堂伽藍はことごとく焼失しましたが、豊臣秀吉の寺領百二十石の寄進により復興しました。

本尊の薬師如来は、賤が岳の合戦で負傷した永沢四郎衛門が、全快したのは仏のご加護と、お礼に菅山寺に奉納した仏を、井伊直興公が須弥壇と厨子を寄進して勧請しました。この像は、頭は平安時代、体部は江戸時代の作で、いわゆる大手術を受けています。このことから、「頭の薬師」と呼ばれています。

平安時代後期の寄木造の聖観音像、愛染明王の仏画は重要文化財に指定されています。県指定文化財の仁王門は寛永十二年（一六三五）建立で、中の仁王様は、両眼をぎゅっと見開き、参拝者の心の奥まで見通すように見えます。京都の仏師高野左京の作です。

県の名勝に指定されている中庭は、小堀遠州作庭の池泉回遊式で、春は不動岩を囲んで霧島つつじが美しい。小堀遠州は寺の西隣で生まれ、親族からの寺領寄進もあり、寺との縁は深いものがあります。

　四月中旬から五月上旬に開花する、百種類一千株ある牡丹は、寒い冬の厳しさに耐えてきたためか、どことなく花が引き締まって見えます。

　長浜は、豊臣秀吉が初めて城主として治めた城下町であり、信長によって被害を受けた総持寺に秀吉は寺領を寄進して復興したのです。その後を継いだ山内一豊、また、徳川幕府からも寺領は安堵されました。秀吉の馬印である出世瓢箪に無病息災をかけた「長浜六瓢箪霊場」の一つでもあります。
●主な年中行事　二月三日節分護摩供　四月二十九日開山忌法要　四月二十九日〜五月十日ぼたん祭　七月二十八日土用薬師護摩供　十月永代経法要
●宿泊・休憩施設　なし
●拝観料　文化財拝観四百円（要予約）。牡丹開花期は入山料が必要。

中門から境内のボタン園と本堂を望む

堪忍袋

総持寺住職　高橋祐純

物があり余り、生活が進んで、ボタンを押せば意のままになると、対人関係もそうなるだろうと思いがちである。だが複雑微妙な感情を持つ人間は機械のようには動いてくれない。このことを弁《わきま》えておれば、「頭にくる」の言葉は安易に出るものではない。昔は「堪忍袋の緒が切れる」といって袋の口は紐だったが、今では細い糸にでも変わったのだろうか。とかく一時の感情で周囲の人に怒鳴ったり喧嘩をしかけたりするが、事の起因をただせば些細なことなのに、怒りの心を鎮められず恐ろしい行為に走ってしまうことのなんと多いことか。

遺教経には「怒れる心は猛き火よりも甚し」、大日経には「痴念《ちねん》の瞋恚《しんに》は無量劫《むりょうごう》の善根を焚焼す」と説かれている。そして、百害あって一利なしの怒りの心鎮め耐え忍ぶことは、どんな苦行や持戒にも勝るとして六波羅蜜（六度の行）に忍辱《にんにく》行の名であがっている。しかも、この忍辱《にんにく》行が日常仏前に供える六種の供物（水、塗香、花、線香、飯食、灯明）のお花に相当するのは意味が深い。

花は見る人に愛の心を持たせ、怒れる心を和らげる徳を備えている。そして、いかなる苦悩にも負けない根性を教える最適の教材でもある。花はみんな厳寒の冬、灼熱の夏、異常な乾湿、それに病虫害などの苦難に耐えてこそ綺麗な花を咲かせる。植物でしかり、瞋恚の心が起きたら、言う前に、手を挙げるまでに深呼吸、「年甲斐なく腹を立てて恥ずかしい」と、各人が堪忍袋の口を丈夫なロープで縛ったら、和やかな社会となるだろう。

道順

〈徒歩〉ＪＲ北陸線長浜駅下車、長岡行バスで約12分、「宮司北《みやしきた》（総持寺前）」下車すぐ。長浜駅よりタクシー8分。〈自動車〉北陸自動車道長浜ＩＣから南へ約3分。国道8号線、八幡《やわた》東交差点を東へ約３００ｍ。駐車場40台、大型バス3台可、無料。

〈付近の名所〉長浜城　小堀遠州屋敷跡　石田三成生誕地　国友一貫斉鉄砲の里　はぎの寺神照寺　長浜別院大通寺　慶雲館盆梅　八幡宮曳山祭　黒壁スクエア　北国街道

第32番 龍應山《りゅうおうざん》 西明寺《さいみょうじ》 天台宗

〒522-0254 滋賀県犬上郡甲良町池寺26 電話0749(38)4008 FAX(38)4388 URL http://www.saimyouji.com

本尊●薬師如来 開山●三修上人 開創●承和元年（八三四） 中興●望月越中守友閑

●御詠歌● 衆人《もろびと》の 病《や》む身と心 癒《いや》すらん 閼伽《あか》池に立つ お薬師さあま

心のやすらぎと歴史を伝える古刹

湖東三山の一つに数えられる西明寺は、国道に面して総門が建ち、門をくぐって進むと両側に石垣積みのある、勾配の緩やかな参道が続きます。本坊前（旧本覚院）に着くと、「蓬萊庭」と名づけられている国指定の池泉観賞式庭園が目の前に広がっています。山の斜辺を利用し、本堂に祀る薬師如来、日光、月光菩薩の三尊仏と十二神将をあらわす石組があり、さつきの刈り込みが雲を表わし、薬師如来の浄土を庭園で具現化しています。

名高い天然記念物の「不断桜」は、九月頃から咲き始めて十一月に満開となり、秋には境内一円に千本を数えるもみじが紅葉して「桜ともみじ」のコントラストが楽しめます。さらに石段を登ると二天門（重文）に達します。門の正面に本堂（国宝第一号指定）その右手前方に三重塔（国宝）が配置されています。さらに三重塔の前方に鐘楼、後方の斜面に石造宝塔（重文）が建っています。

当寺は山号を龍應山といい、本堂には、内陣の厨子に安置されている秘仏薬師如来立像（重文）を本尊として、釈迦如来立像（重文）、不動明王、そして二童子像（重文）、広目・多聞の二天王立像（重文）など、数多くの文化財があります。

また、三重塔は中世彩色建築の代表的作例と評され、初重内部には四天柱内を須弥壇に作り、大日如来を安置して、須弥壇と床板を除く全面に菩薩像、仏具、花鳥文、法華経変相図が極彩色で画かれており圧倒されます。

当寺の創立は古く、縁起によれば仁明天皇の勅願によって承和元年（八三四）三修上人が開創しました。本尊薬師如来の瑠璃光が西方を明るく照らしたとして、西明寺の勅願を賜ったと伝えられています。以来、当寺は仁明天皇の勅願寺として栄え、十七の諸堂、三百の僧坊を数える大寺院となりました。しかし、戦国時代に織田信長の焼き打ちにあい大半の諸堂が焼失しましたが、幸いにも本堂、三重塔、二天門が難を免れ、今私たちにその美しい姿を伝えています。

●主な年中行事　一月八日初薬師大般若会　二月三日節分会護摩法要　五月八日仏生会花祭法要　八月十八日観音盆法要　九月八日塔婆法要　十二月八日永代経法要　毎月八日薬師護摩法要

●食事休憩施設　門前に一休庵、一千名収容。

●拝観料　入山・国宝本堂仏像拝観・庭園観賞一人五百円。国宝三重塔壁画拝観は別に千円。三十名以上の団体は割引あり。三重塔内特別拝観期間は春、秋の二期に公開（公開期間は問い合わせを）。また、塔内特別拝観は文化財保護のため雨天中止。

聞き上手

西明寺住職　中野英勝

中国の偉大な思想家であった孔子の言葉の中に「六十にして耳順《したが》う」という言葉があります。これは彼自身が老境に入って初めて、人の言葉に素直に耳を傾けられるようになったことを表わしたものでありま す。孔子ですら、人の話を謙虚に聞けるようになるまで、六十年もかかったという事実は、それがいかに難しいものであるかを象徴しているものといえます。

さて現実の私たちはいかがなものでありましょうか？　一般的に大別すると、年を重ねるに従って次第に角がとれて、円満柔和な老人になってゆく人と、年ごとに頑固になり、ますます依古地《いこじ》にひがみっぽくなってゆく老人とに分けられるようであります。どちらを望むかは言うまでもないことでありますが、なかなか望み通りにいかないのが現実です。人様の話に真心をもって耳を傾け、相手の主張なり心を正確に理解し、その人を大らかな心で包み込むというよりも、相手の話を自分流儀に味付けして曲解したり、あるいは自分の考えを相手に押しつけて嫌われたりの連続で、いよいよ自分で自分を貧しく孤独にしてしまう結果になりがちなものであります。これらのことはすべて「我」という迷いのなせる業《わざ》でありますが、俗に話し上手は聞き上手といわれますように主張する前に聞くという姿勢を育ててまいりたいものであります。世の中のさまざまなことに、積極的に目や耳を傾けて、自らの心を高めるため「聞き上手」な自分になるよう心がけたいものであります。　合掌

道順

〈徒歩〉ＪＲ東海道線の河瀬駅または彦根駅、新幹線米原駅よりタクシーを利用する。

〈自動車〉名神高速道路の八日市または彦根ＩＣより国道３０７号線に入る。または国道8号線豊郷町から国道３０７号線の甲良町に入る。裏参道の本坊前に駐車場あり（乗用車・マイクロバスのみ）。大型バスは国道３０７号線沿いの駐車場に駐車のこと。

〈付近の名所〉金剛輪寺　百済寺　多賀大社　彦根城

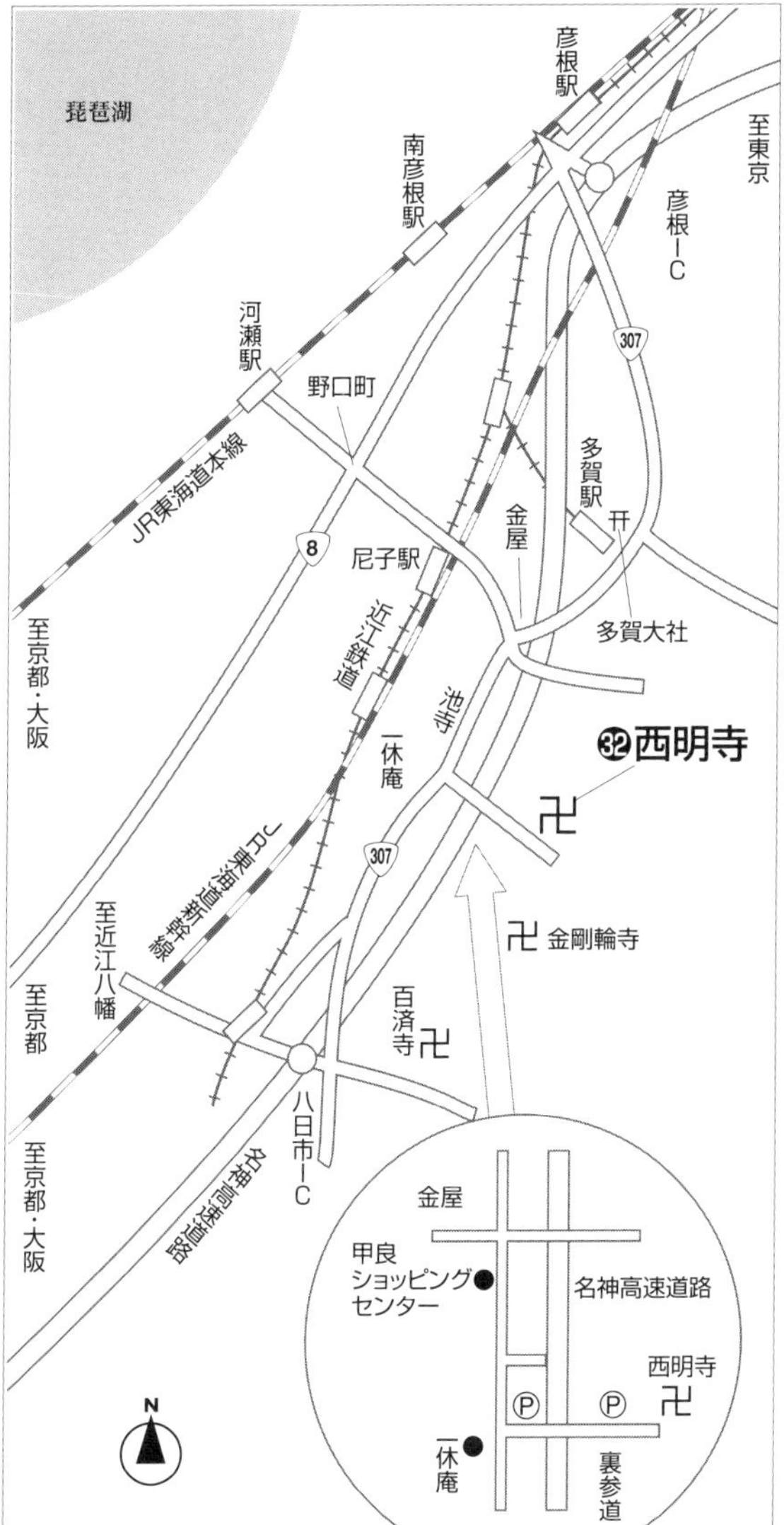

第33番 高富山《たかとみさん》 石薬師寺《いしやくしじ》

真言宗 通称・石薬師のお薬師さん

〒513-0012 三重県鈴鹿市石薬師町一番地 電話・FAX 059(374)0394

本尊●石医王尊 開山●泰澄・弘法二師開基 開創年●神亀三年（七二六）

●御詠歌● 名も高き 誓いも重き 石薬師 瑠璃の光は あらたなりけり（一休禅師）

弘法大師お手彫り厄除石薬師

当山は、万葉集一三巻の長歌に「山辺乃五十師原爾内日刺大宮都可倍」云々とある地であります。そして、東海道五十三次石薬師宿として、名匠安藤広重の風景画に描かれた寺であります。

寺伝によりますと、今を去ること一千二百有余年前、聖武天皇の神亀三年（七二六）泰澄大師がこの地に来たとき、地鳴りとともに巨石が現れました。これは薬師如来が「金輪際」より衆生利益のために示現されたと感悟し、一宇の草堂を設け、霊石薬師として恭敬供養されました。

その後、嵯峨天皇の弘仁三年（八一二）、弘法大師自ら如来の尊像を刻んで、厄除けの秘法を行い開眼供養されました。それをきっかけに、ますます厄除け霊験あらたかになり、遠近の帰依信仰厚く盛んになりました。その評判はついに天皇の耳にまでに達するところとなり、嵯峨天皇勅願所となりました。

当時は、山内塔頭十二ヵ院を有し、壮麗なる堂房が建立されましたが、天正三年（一五七五）織田氏の兵火に遭い、殿堂僧房一朝にして、ことごとく焼失しました。しかし、そんな災難にもご本尊は、光明赫々として灰燼の中に立たれていたのです。時の住僧圓賢《えんけん》法印は、恐懼おく能わず、ただちに仮堂を営み、香燭を供え敬仰供養されました。

徳川時代の初め慶長六年（一六〇一）には、神戸《かんべ》城主一柳監物《けんもつ》直盛公が深く霊験に感じ、報謝のため諸堂を再建せられました。その堂宇が現在に至っています。当時、参勤交代で東海道石薬師宿を通る大名は、必ず浄財を寄進して道中無事安全を祈念しながら、京に江戸に往来したことでしょう。

かつて村人は境内に入るときには履き物を手にして素足で参拝したという古老の話を耳にします。今にして思えば、真にありがたいことです。当山を訪れる文人詞客の方々は、いずれも仏徳を賛嘆し、霊光に随喜し、景観を賞揚しています。

●年中行事　一月一日〜三日新年大祈願　一月八日〜二月二十八日厄除祈願　一月八日初薬師病気封じ祈願　三月二十一日弘法大師正御影供　四月八日大般若会　五月八日諸願成就護摩　七月十六日施餓鬼会　九月八日諸願成就護摩　十二月二十日本尊開扉おすすす取り　毎月八日薬師供　毎月二十一日弘法大師供　毎月二十八日不動護摩供

●休憩施設　あり

●入山拝観料　志納

時空をこえた心の癒し

石薬師寺住職　福田寛隨

信心とは、仏様に不思議な願力があることを少しも疑わず、すべてを仏様におまかせするように帰依する真実の心であるから、心を尽くした信心ができるのであります。

「真言秘蔵は経疏隠密にして図画を仮らざれば相伝すること能わず」（請来目録）仏様の教えは経典や注釈書だけでは十分に理解できず、仏様の像、力を借りてこそはじめて伝える事ができる、とお大師様は説かれています。

今世間から出世間の中に身を置くこの時間、なにもかもが止まった時間の中で仏様と自分だけ。薄暗い本堂の中でローソクの灯火に浮かび上がる仏様のお姿、心の癒しを求めて時空の流れの中に静かに両手を合わせ、仏様と私が一体になる。そこには今まで見えてこなかった自分が見える。掲諦掲諦　波羅掲諦　波羅僧掲諦　菩提薩婆訶。心身安楽の世界へ、悟りの境地に瞑想する。皆ありがたい仏様の教え、我が胸の中にある。

千有余年この古霊刹に常照瑠璃の光炎は脈々変わることなく。願わくば、諸人敬仰の信を致して、永く国家安穏衆生息災の仏土に住ぜんことを。　合掌

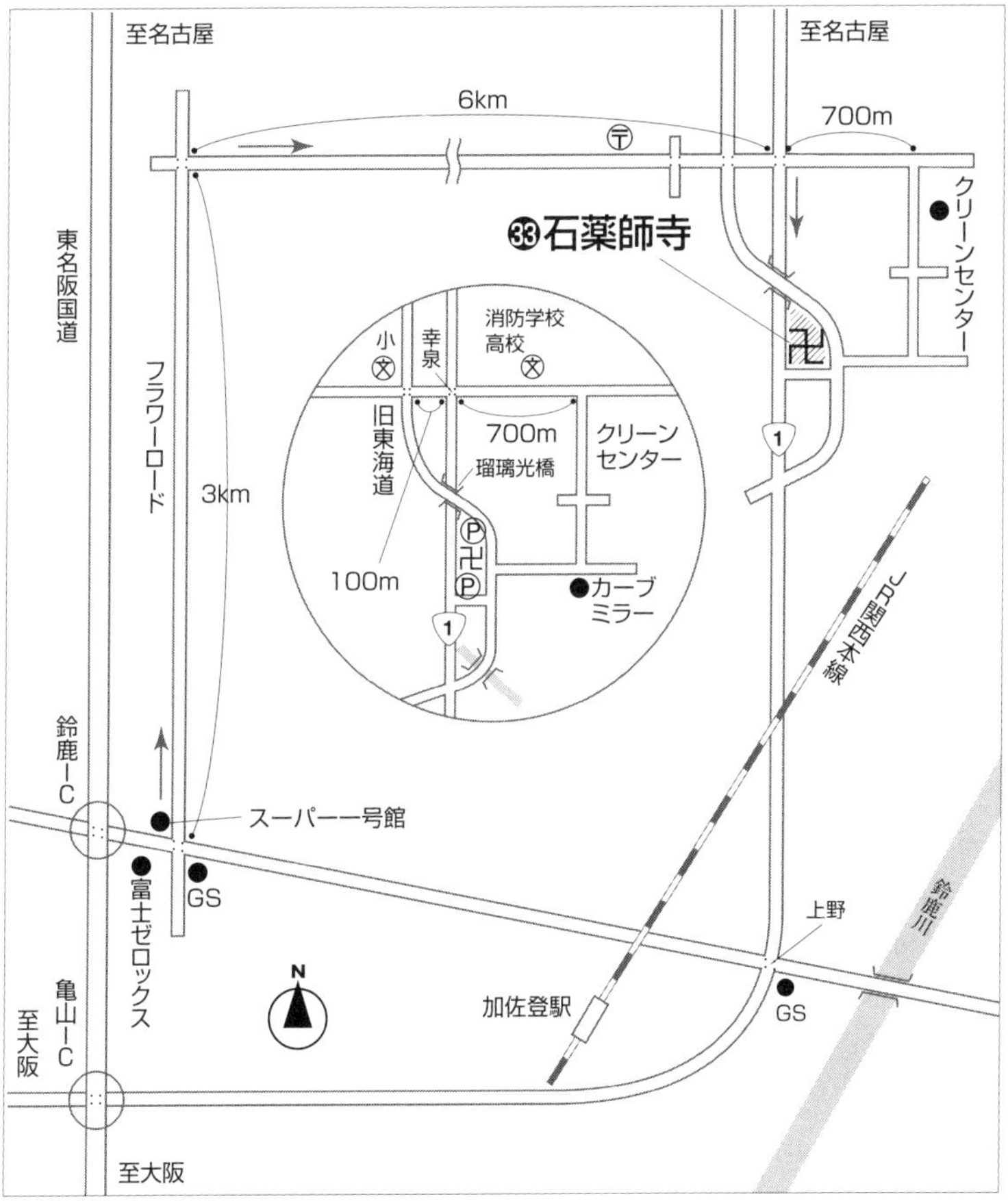

道順 〈徒歩〉ＪＲ関西線加佐登《かさど》駅よりタクシー約5分。または三重交通にて国道1号線「上田口《うえだぐち》」下車すぐ。または近鉄鈴鹿平田駅よりタクシー約10分。

〈自動車〉東名阪自動車道、鈴鹿ＩＣより国道1号線に出る（矢印の通り）。または四日市ＩＣあるいは亀山ＩＣから国道1号線に出る。

〈付近の名所〉鈴鹿サーキット　湯ノ山温泉（御在所）　佐々木信綱記念館

第34番 塔世山《とおせざん》 四天王寺《してんのうじ》 曹洞宗

〒514-0004 三重県津市栄町一丁目八九二 電話059(228)6797
本尊●釈迦牟尼仏 脇侍●薬師如来 開山●聖徳太子 曹洞開山●正海慈航禅師 開創年●用明天皇の御代（五八五〜八七）

●御詠歌● 八重たつも あやなく霞《かすみ》 こち吹《ふ》かば 晴《は》れ行《ゆ》くべきを ながき夜の月

聖徳太子の戦勝祈願から生まれた寺

津駅を降りて南のほうへ五、六分歩くと、四天王寺の森が見えてきます。森の緑が目にやさしく、何となくホッとした気持ちになります。

崇仏派の聖徳太子は、用明天皇の頃（五八五〜八七）、廃仏派の物部守屋と戦い、三度も敗れました。そこで、太子は自ら四天王像を刻み、戦勝を祈願し、「勝利の暁には寺院を建立し、四天王をお祀りします」と誓いを立てて戦い、勝利を収めました。戦の後、誓い通りに四天王を祀るお寺を建てました。その一つが当寺であり、もう一つが大阪の四天王寺といわれています。

平安時代には寺勢も大きく伸張し、この地方屈指の大寺に成長しました。戦国時代には度重なる戦火に焼かれましたが、そのつど再興を果たしてきました。徳川時代になると、元和元年（一六一五）、築城の名人とうたわれた藤堂高虎が津城主となり、当山を改築しました。また、二代藩主藤堂高次は寛永十四年（一六三八）寺領を寄進し、繁栄の一途を辿りました。太平洋戦争の末期の空襲では、本堂はじめ諸堂宇を失いましたが、戦後、現在の姿に再建されました。

山門は寛永十八年（一六四一）に再建されたもので、当山では昔を偲ぶ数少ない建物ですが、市の有形文化財になっています。主な文化財としては、鎌倉時代の絹本着色の聖徳太子十六歳の孝養像があります。父の用明天皇の病気平癒を願う強い意志と若々しさが表現されています。そして、藤堂高虎とその夫人の画像、さらに薬師如来坐像および胎内納入品が挙げられます。その三点は、いずれも重要文化財に指定されています。

薬師如来坐像は、平安後期の承保四年（一〇七七）に定朝《じょうちょう》が彫ったもので、像高六十五センチ、桧の一本造りです。何度も戦火に遭いながら、いつも難をのがれ、傷一つないお薬師さまです。胎内からは当時の寺領を書いた文書をはじめ、造像費用の寄進者名簿、玉、扇、櫛等二十五点が発見されています。境内には、庭園、有名人の墓碑や文塚など見所も多く、あちこちと散策しながら、ゆっくりと雰囲気を味わいたいお寺です。

●主な年中行事　一月一日〜三日三朝祈願　毎年中日後の日曜日春秋彼岸会　七月十六日午後四時孟蘭盆会　毎月十一日午後六時より七時まで坐禅会　毎月八日午前十時薬師如来祈願

●宿泊・休憩施設　前もって連絡すれば若干名可。

●拝観料　志納

・奉賛会報（はがき法話）ご希望の方は、50円切手を12枚お送りいただきましたら、1年間お送りします。

大慈悲の世界に生きる

四天王寺住職　倉島昌行

暑い真夏、額から汗を吹き出しながら来山される方、また、冬の寒中凍てつくような日にも遠い道程を経て拝登くださる方もいます。お薬師様のお慈悲は日本中隅々まで至っておられます。

さて、この信仰を通して、居士（悟りを得た人、大慈悲の境界に生きる人）と呼ばれる方に、現代でもお会いするときがあります。

先年亡くなられましたが、当山の会計を長らくおつとめくださっていた水井縫三郎さんという方がおられました。いつもニコニコとして腹をたてる姿を見たことがありません。

ある日、氏が、お薬師様のご尊前で一人、至心に祈願なさっておられる初老の男性を見かけました。茶菓子をさしあげ労をねぎらいながら、フッとその胸を見上げると、一枚のプレートが首からぶら下がっております。よく見ますと「私は三重県津市四天王寺のお薬師様にお詣りに参ります。どうか道案内をお願いいいたします。私は目が見えません。耳が聞こえません。言葉が出ません。片足の自由がききません」と書いてあるではありませんか。

「次の駅で降りてくださいよ」「この列車に乗ってくださいよ」途中幾人の親切心をいただいたものでしょうか。水井さんと婦人会の当番の方々皆さんの両の目から大つぶの涙があふれ出しました。「津駅まで一緒にご案内いたしましょう」と手を携えて歩き出しました。何回も何回も振り返り振り返り、合掌をして帰って行かれました。境内に清風が残りました。

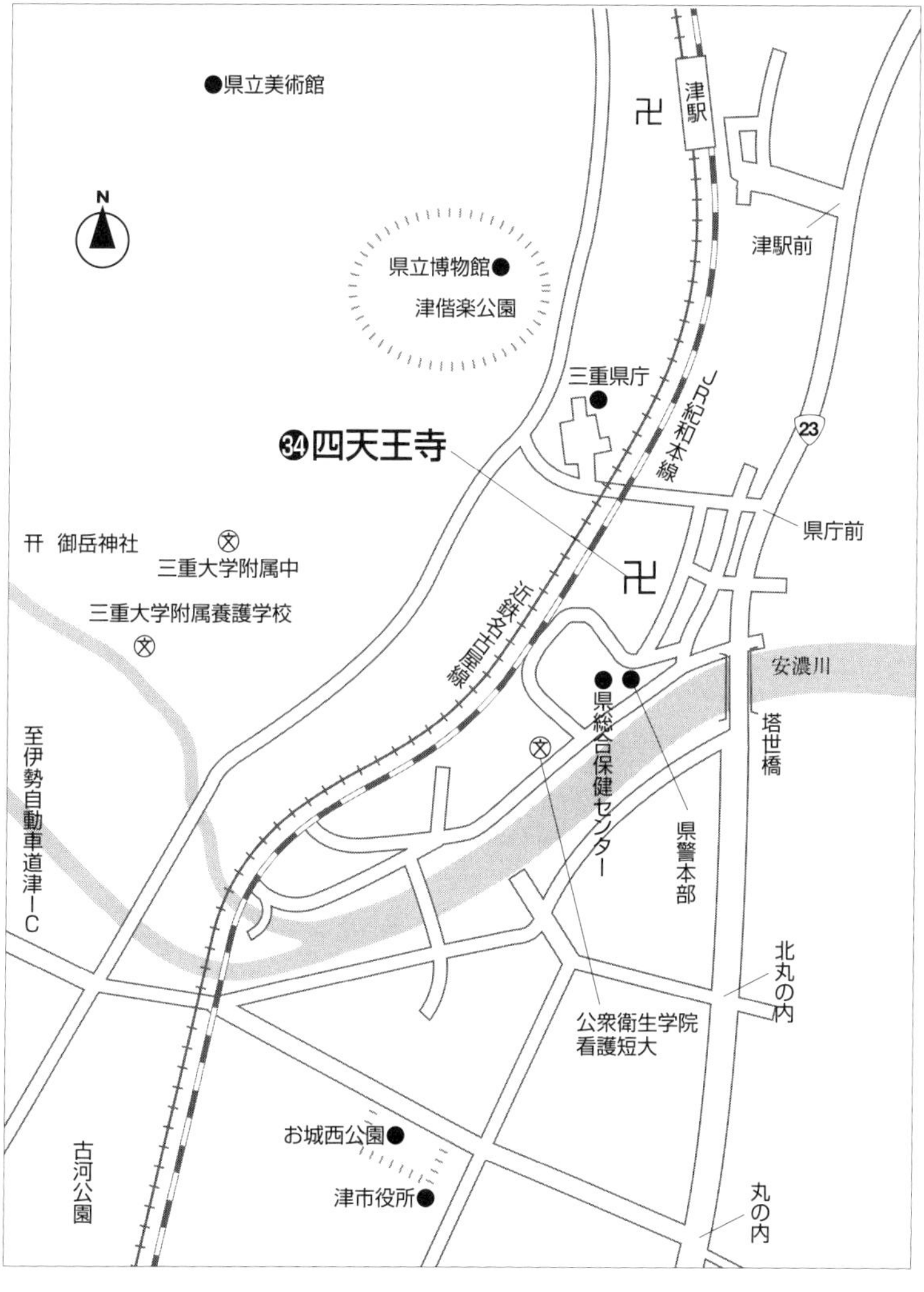

道順 〈徒歩〉津駅より南へ約1km。県庁の東南。バスは「県庁前」下車。
〈自動車〉伊勢自動車道の津インターより県庁を目標に東へ約3km。

〈付近の名所〉津城　津偕楽公園　県立美術館　広永陶園　榊原温泉

第35番 丹生山《にふさん》 神宮寺《じんぐうじ》

真言宗山階派　通称・丹生《にう》大師

〒519-2211 三重県多気郡多気町丹生3997 電話0598(49)3001

本尊●十一面観世音菩薩　薬師堂本尊＝薬師三尊　開山●勤操大徳　開創年●宝亀五年（七七四）

●御詠歌●ちはやふる　かみのおてらと　きくからわ　のちのよまでも　たのもしきかみ

お大師さまのお寺

このお寺は、正式には、女人高野丹生山神宮寺成就院と言い、地元の皆様からは「丹生《にう》大師」として親しまれております。

創立の歴史をたどってみると、宝亀五年（七七四）弘法大師の師匠である勤操大徳がお開きになり、その後、弘仁四年（八一三）弘法大師が伊勢神宮へ参拝のため、この地に立ち寄られた際に当地に来山され、わが師の開創された寺であることを知って、不思議な縁を感じられ、「われは高野の聖地に真言密教の根本道場を創立する誓願を立てているけれども、まずこの地に諸堂を建立し、庶民の苦悩を救わん」と言われ、弘仁六年（八一五）に至って、七堂伽藍を建立・整備されたのであります。

古代から水銀の産出地として富裕であったこの地は、中世に入って近郷の集落より一段と隆昌し、近世には「丹生の在家一千軒計り有りて、民屋富みたる景気なり」といわれる程になりました。その後二度の兵火がありましたが、江戸時代中期頃にはほぼ現在の寺観が整いました。

山門をくぐると、直進する主軸の参道があり、それに沿って北側に、書院、護摩堂、鐘楼堂が並んでいます。その前の参道を隔てた場所には閻魔堂があり、そこから北上して石段を上ると、大師堂が全山を見下ろす位置にあります。石段下の東に観音堂が南面、薬師堂が西面しております。

広い境内には、池あり、流れあり、自然の高低をうまく利用した庭の作り、老樹、大樹のかもし出す独特の趣は、参拝者に心の安らぎと楽しさを与えています。薬師堂は、構えは小ぢんまりとしていますが、霊験あらたかなお薬師さんと評判が高く、かえってありがたさが増す思いがします。

大師堂の本尊である弘法大師像は、大師四十二歳の自画像です。寺院内の池に姿を写されて、衆生の厄除と未来結縁のため自ら刻まれ安置されたもので、さまざまな願いごとを聞き届けていただける丹生大師として、多くの人々の信仰を集めています。

●主な年中行事　一月二十一日初大師　二月節分の日星祭祈祷会　三月四日厄除大般若　四月二十一日春季大会式　十月二十一日秋季大会式　十二月二十一日しまい大師

●宿泊・休憩施設　宿泊施設なし。休憩百人まで可、前もって連絡のこと。費用志納。

●拝観料　無料

感謝の心こそ信仰

神宮寺住職　岡本祐範

私は京都で修行してきましたが、〝人と人との交わりには思いやりを大切に〟をモットーにして、「なにごとも責任を持つべし」という教えを大切に、師匠につかえてまいりました。そのかいあって今の自分が育まれたのだと感謝しています。与えられた人生を大切に生きることに感謝したいものです。

われわれは時間的には無数の先祖、先輩のおかげを受けて生きています。場所的、空間的にも、現在、今、生きている社会の無数の人々から、直接間接におかげを受けて生きています。この時間と空間との接点に、今自分というものがあります。

自分一人で生きているのではなく、皆様のおかげによって生かされているのです。このもろもろの縁に支えられて生きていることがわかれば、おのずから感謝の気持ちが生まれてくるのです。この感謝の心こそ信仰の裏付け、基盤であります。感謝の気持のうえにたつ信仰でなければ、砂上の楼閣に過ぎません。

忙しい毎日でも、一歩立ち止まり、心の平安を求めてから歩みだすことを心がけていきましょう。

そうすれば、大いなる宝に出逢い安心を得ることができるはずなのです。

道順

〈徒歩〉ＪＲ紀勢線、近鉄線の松阪駅下車、三交バス射和乗り換え町民バス丹生《にう》大師行下車すぐ。またはＪＲ紀勢線栃原《とちはら》駅よりタクシー約10分。〈自動車〉伊勢自動車道の勢和多気ＩＣを出て、おきん茶屋の角を左折約４㎞。

〈駐車場〉大型バス３台、マイクロバス５台、普通車15台駐車可。無料。

〈付近の名所〉丹生神社　近長谷寺　伊勢神宮

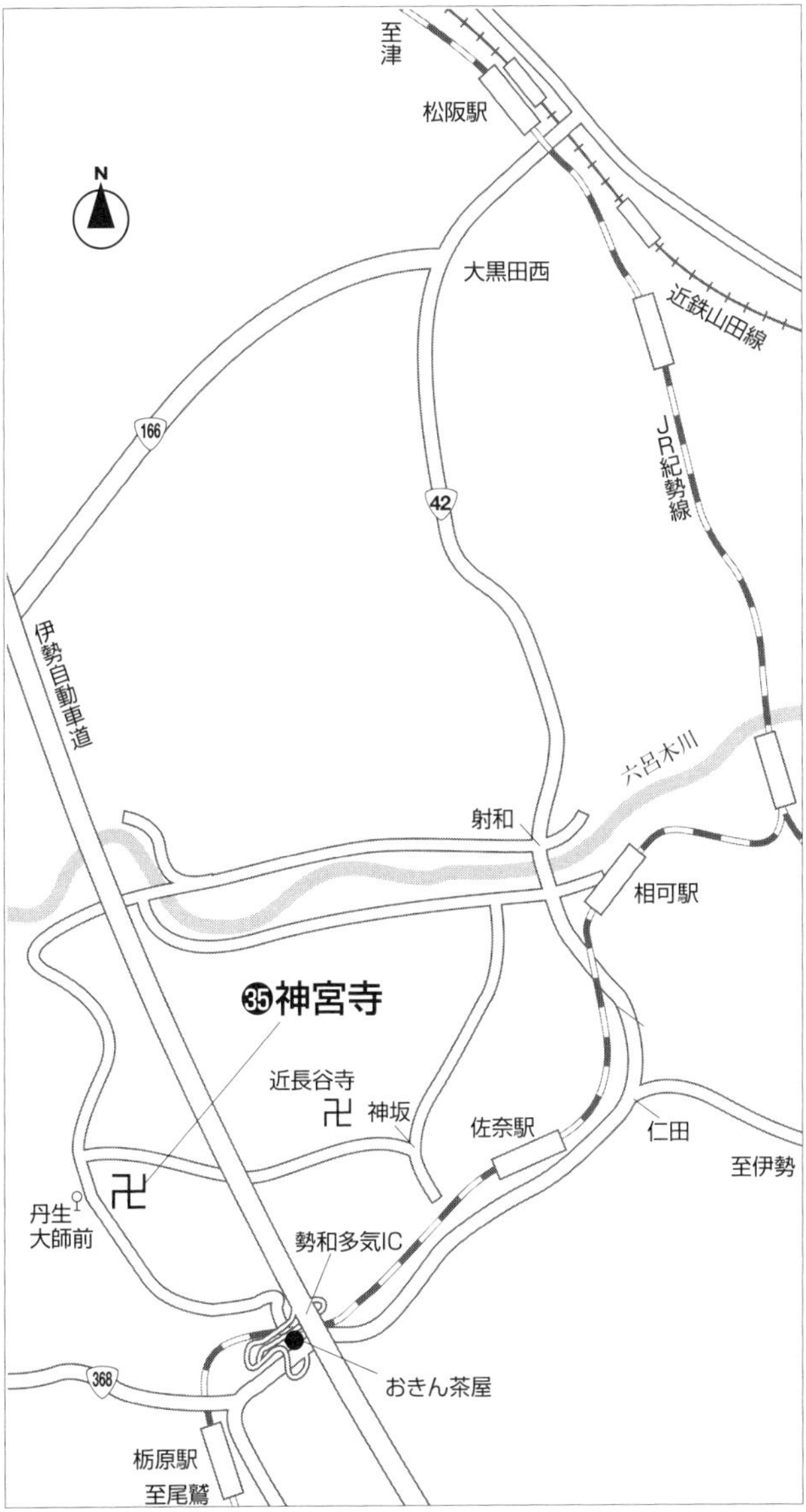

第36番 日朝山《にっちょうざん》 弥勒寺《みろくじ》 真言宗豊山派

〒518-0609 三重県名張市西田原2888 電話0595(65)3563

本尊●薬師如来 開山●円了上人 開創年●奈良時代天平八年（七三六）

●御詠歌● おきつもの 名張《なばり》の里《さと》に みろくでら すくいたまわん のちの世《よ》までも

仏像鑑賞に欠かせない寺

室生赤目青山国定公園に位置する名張市は、赤目四十八滝、香落渓《こおちだに》、青蓮寺湖《しょうれんじこ》といった地名のほうが馴染みが深いかもしれませんが、市内には古寺や史蹟が点在しています。弥勒寺もその一つです。この寺は伊賀地方屈指の仏像の宝庫として、その名が知られています。

当山は聖武天皇の時代、天平八年（七三六）に円了僧正が建立しました。創建当初は、弥勒菩薩を本尊とし、寺領百石を賜わりました。その後東大寺の第二祖といわれる良弁上人の時代に、七堂伽藍が整ったといわれます。

当初は日朝山福龍院と称した大寺院で、その伽藍の一つの弥勒寺に薬師如来、一言寺に十一面観音菩薩、言文寺に聖観音菩薩、行者堂に役行者倚像を安置して、隆盛を誇りました。

しかし、長い歳月のなかで幾度かの盛衰を繰り返し、明治初年に至ると寺域の荒廃が相当進んでいました。同十四年（一八八一）弥勒寺の大改修が行われました。その際、一言寺、言文寺などの伽藍を取り壊し、その木材、石材、瓦などを移築して改修にあてました。同時に、各堂宇に安置されていた仏像も、弥勒寺に集めたといわれます。

この地区に伽藍堂、寺屋敷等の地名が残っていますが、それが大伽藍の広大な寺院であったことの何よりの証しといえます。現在の本堂は昭和五十四年（一九七九）に改築されたものです。

所蔵仏像は、十一面観音菩薩、聖観音菩薩、いずれも国指定重文の立像で平安後期の作です。豊かな顔立、優美な気品漂う仏像です。県指定を受けているのが薬師如来坐像、弥勒菩薩、どちらも藤原後期の作です。

また、鎌倉末期の作とされる役行者倚像は力強い作風が特徴です。その他にも数体の仏像が安置され、どれも木造で等身大のものばかり。仏像鑑賞には欠かしてはならない重要な寺院です。

●**主な年中行事**　正月三ヵ日初詣　一月十日大般若初祈祷大法要　八月施餓鬼大法要・地蔵会式・盆踊り大会

●**宿泊・休憩施設**　なし

●**拝観料**　三百円

心を耕す修行

弥勒寺住職　渡邉千明

人には心あり、その心が人々を動かし、それぞれに生かされていることに気づくはずである。機械のように部品の取り替えがきかないもの。心は人間一人ひとりに与えられた大切なものではないでしょうか。〝私という人間〟はただ一人、悠久の中の今という点に生きているわけです。今生かされてこの世界で働いていることは次（来世）のために修行しているのだと思えば、心は平和でしょう。しかし、そうはいかないのがこの世で、社会全体が心のない、ふれあいのない状態がつづいていきます。二度とない人生をどう生きるか、辛いこと、悲しいことがあっても、この人生は二度とはめぐってきません。ですから、自己の内面をもう一度見直したいものです。人生の価値観を持つということは人間らしく生きていくことへの願いと生きがいにつながります。

人間は大自然のふれあいの中にあり、霊徳が本来そなわっています。その大切な霊徳を持っている人間は、生きとし生けるすべての命を大切にしますし、そうであってこそ彼岸に至ることができるはずです。彼岸に至るためにも今、心を耕し修業しなければなりません。お互いに、日々研鑽し努力いたしましょう。悠久の中の今という点を充実され、生きがいを求めましょう。　合掌

道順 〈徒歩〉電車の場合、近鉄大阪線名張駅下車西口、または桔梗が丘駅下車北口へ、三重交通定期バス上野産業会館行「田原」下車、徒歩7分。

〈自動車〉名阪国道上野ＩＣから国道368号線バイパス南へ直進約15分、寺の看板あり。または名阪国道針ＩＣから国道369号線より室生へ、165号線で名張市内蔵持町原出桔梗が丘センタービル前信号左折、368号線へ、寺の看板あり。

〈付近の名所〉赤目四十八滝　青蓮寺湖　比奈知ダム湖　香落渓　美旗古墳群など

第37番 小田原山《おだわらさん》 浄瑠璃寺《じょうるりじ》 真言律宗 通称・九体寺

〒619-1135 京都府木津川市加茂町西小札場40 電話0774(76)2390

本尊●東＝薬師如来、西＝阿弥陀如来(九体) 開山●聖武天皇、行基菩薩(記録義明上人) 開創年●天平年間(七二九～四九)(記録永承二年＝一〇四七)

●御詠歌● 末《すえ》の世《よ》に 救《すく》いの誓《ちか》い たのもしく 小田原山《おだわらやま》の きよめの薬師《やくし》

東に薬師如来、西に阿弥陀如来

浄瑠璃寺は京都府の南端に位置しています。この付近は古来より奈良の都の大寺の僧が、都の喧騒を離れ、静寂で清浄な世界を求めて修行・瞑想のために通った場所といわれます。

創建は諸説ありますが、現存する確実な文書「浄瑠璃寺流記事《るきのこと》」によれば、永承二年（一〇四七）当麻《たいま》の僧〝義明上人〟の本願により、土地の豪族〝阿知山大夫重頼〟を檀那として、小さなお堂を建てて始まったと記されています。このときのご本尊が、現在も三重塔内にお祀りされている薬師如来です。その薬師如来の浄土である〝東方浄瑠璃世界〟が、寺の名前の由来でもあります。

その後、阿弥陀如来をご本尊とした新たな本堂が建立され、池を中心とした庭園が整備されました。平安時代の末に、京の都、一条大宮より移築された三重塔内に先の薬師如来を安置し、現在の寺観ができあがったのです。

参道から山門を入ると、正面に大きな池が現れます。左に進むと石段があり、その上の小高い丘に薬師如来を祀る三重塔。ここが境内の東側にあたります。池を挟んだ向かいの西側には、阿弥陀如来を祀る横長の本堂が建っています。

東方浄瑠璃世界の薬師如来を東側に、西方極楽世界の阿弥陀如来を西側に、そして中央には宝池《ほうち》を置くという、平安後期・藤原期に盛んに作られた浄土式伽藍が、今もほぼそのままの形で残っている貴重な庭園です。

この寺では、まず東の塔の薬師如来に、過去からの命のつながりを感謝し、現実の苦悩の救済を祈り、その前で振りかえって、池越しに西の本堂の阿弥陀如来に極楽への往生を願うのが、本来の礼拝の形とされています。本堂には、阿弥陀如来が横一列に九体安置されています。これも当時三十棟以上建立された、九体阿弥陀堂の唯一の現存例です。また、池の東側を此岸《しがん》、西側を彼岸《ひがん》と称し、春秋の彼岸の中日には、塔前から見た夕陽がちょうど西の九体阿弥陀堂の中央の背後に沈んでいきます。

他にも本堂内には、藤原期の四天王像の内二体（他の二体は博物館へ出展中）と地蔵菩薩像、鎌倉期の不動明王三尊像、そして秘仏の吉祥天女像がお祀りされています。

●主な年中行事　一月一日午前零時三十分より新春法要　四月十八日午後御影供会式　八月二十日午後施餓鬼会　三重塔内の薬師如来像は毎月八日、正月三ヵ日、春秋彼岸の中日（春分・秋分の日）の好天に限り開扉

●宿泊・休憩施設　なし。付近に茶店、加茂山の家あり。

●拝観料　三百円（本堂内）

古刹のかたち

浄瑠璃寺住職　佐伯快勝

この寺の〝薬師如来像〟は三重塔の初層で西を向いて座しておられる。その真正面、阿字の宝池の西側に九体阿弥陀如来像の中尊が東を向いて座しておられる。この東西の両如来を境内の実測図面上で線で結ぶと、宝池の中島の北端にある立石の上を通る。宝池の北には南面の大日如来像の大日如来灌頂堂がある。東から薬師、西から阿弥陀、そして北から大日の三如来が宝池に向かって祀られているこの配置は、藤原道長の法成寺の配置と同じである。

宝池の島も「池に島を造る場合、島の先端を本殿の中心線に合わすこと」という「作庭記」（平安時代の庭づくりの指南書）通りであり、きちんと設計された造寺であったことがわかる。

当時、阿弥陀堂前の池は阿弥陀浄土の象徴であり、阿弥陀仏を礼拝するのは池の東側からであったという。薬師仏の前から拝むのである。その真正面に位置する来迎印を結んだ中尊へ、夕陽が沈んでいくのは春分と秋分二回だけ。この日は遺送（過去世から）し、苦悩を超える薬を与え後押ししてくれる薬師仏と、未来の楽土へ迎えてくれる阿弥陀仏が太陽の光で結ばれる春秋の二回を、菩薩の道の目標である彼岸（到達点）からとって「おひがん」という、先祖の霊を供養する大事な日としたのだと気づいた時は感動した。薬師・釈迦・阿弥陀が東・中・西に南面する法隆寺金堂はじめ、古刹の配置には大事な意味があるんだとも。

道順 〈徒歩〉 ＪＲ奈良駅・近鉄奈良駅から奈良交通バス111系統で約30分、「浄瑠璃寺前」下車（春・秋の観光シーズンには臨時バスあり）。またはＪＲ加茂駅から奈良交通バス111系統で約15分、または10系統で約20分「浄瑠璃寺前」下車（いずれのバスも便数は少ない）。タクシーでは、奈良駅から約20分、加茂駅から約10分。

〈自動車〉 奈良市北郊・梅谷口より、または、京奈和自動車道木津ＩＣよりＪＲ加茂方面へ進み、浄瑠璃寺口バス停の先の信号を右折。門前に民間の有料駐車場あり。

〈付近の名所〉 当尾《とうのお》の石仏群（周辺一帯に鎌倉時代の磨崖仏多数）　岩船寺　高田寺　海住山寺

第38番 東光山《とうこうざん》 法界寺《ほうかいじ》

真言宗醍醐派　通称・日野薬師、乳薬師

〒601-1417 京都市伏見区日野西大道町19 電話075(571)0024

本尊●薬師如来　開山●藤原家宗卿　開創年●弘仁十三年（八二二）

●御詠歌● おさなごは　つゐよはしらの　ひのやくし　ちちをたまわる　ははとこそしれ

日野家の菩提寺

ひのやくし、乳薬師として知られる法界寺は、藤原氏の北家にあたる日野家の菩提寺です。弘仁十三年（八二二）藤原家宗が、慈覚大師円仁より贈られた伝教大師最澄自刻の薬師如来の小像をお祀りし、その後永承六年（一〇五一）、日野資業が薬師如来像を造って、その小像を胎内に収め、薬師堂を建立して寺としました。当時は観音堂、五大堂等多くの堂塔が立ち並んでいましたが、今では本堂と阿弥陀堂を残すのみとなりました。

薬師堂・薬師如来　薬師堂（重文）は法界寺の本堂で、当初のものは早く焼失し、現在のものは明治三十七年奈良県龍田の伝燈寺本堂を移築したもので、棟木に康正二年（一四五六）の銘があります。薬師如来（重文）は、創建時の本尊で、像高八十センチ、白木の檀像で、衣文に素晴らしい截金模様があり、両脇には鎌倉時代の日光・月光菩薩、十二神将（重文）がお祀りしてあります。

安産・授乳の日野薬師　薬師堂の外陣の格子には「安産、子育」等の願い事が書かれたたくさんのよだれ掛けが掛けられています。本尊の薬師如来が、胎内仏というところから、胎児をやどす婦人の姿であるとして、安産、授乳、子授、子育のご利益があり、特に女性の信仰を集めています。

阿弥陀堂・阿弥陀如来　阿弥陀堂（国宝）は、藤原時代に起こった浄土教の流行や、末法思想などの影響で、極楽浄土の具象化として各地に建てられた典型的な阿弥陀堂建築の一つです。堂内には、平等院鳳凰堂の本尊に最も近い定朝様の丈六の阿弥陀如来像（国宝）が安置されています。周りの長押の上の漆喰の壁間には、天人の壁画（重文）が描かれており、法隆寺金堂壁画焼失後、完全なものとしては最古のもので、日本絵画史上貴重なものです。

親鸞聖人生誕の地　日野家には鎌倉時代に浄土真宗を開かれた親鸞聖人が、承安三年（一一七三）に日野有範を父、吉光女を母として法界寺で誕生されました。九歳で得度されるまで日野で過ごされ、最初に仏縁を結ばれた寺でもあります。また、室町時代の日野家と足利家とは関係が深く、八代将軍足利義政の正室日野富子も日野一族です。

●主な年中行事　一月一日〜十四日修正会　一月十四日法界寺裸踊り（修正会結願の夜、男子信徒が二組に分かれ、裸でもみ合う勇壮な踊り。法要後牛王宝印のお札を授与。京都市登録民族無形文化財に指定）

●拝観料　五百円（三十名以上四百五十円）

左 阿弥陀堂（国宝）と本堂薬師堂（重文）

仏の三十二相

法界寺住職　岩城秀親

仏像、特に大日如来を除く如来像（釈迦・薬師・阿弥陀如来等）は、人とは違う三十二の優れた身体的特徴を備えています。もちろんここではすべてを紹介することはできませんが、いくつか代表的なものを紹介します。

一見誰が見ても分かるのが、頭の上にお椀を逆さにしたような肉髻相。仏様の大脳がすごく発達しているということで、仏の知恵瘤とも言われています。眉間に一丈五尺の長さの白い毛が右旋して生えている白毫相。仏の光明を放ち、あらゆるものを照らしています。少し気をつけて見ないと分かりませんが、手の指の間に水かきがついている縵網相。衆生を漏れなく救います。仏身の周囲には光があり、その中に仏がいるという丈光相。これを表すために光背が考案されました。

また、像形として表すことのできないものもあります。如来は人とは違った優れた声を出す梵声相。如来の舌は常に最上の味のみを味わうことができる味中得上味相等があります。

これらは、古代インドの転輪聖王が備えもっていたという優れた特徴を、仏教がおこり、仏像の製作が盛んになると、三十二の大きな特徴（三十二相）と、八十の小さな特徴（八十種好）にまとめられたものですが、すべての特徴が表してあるわけではありません。

仏の偉大さが、その姿にも表わされているのです。

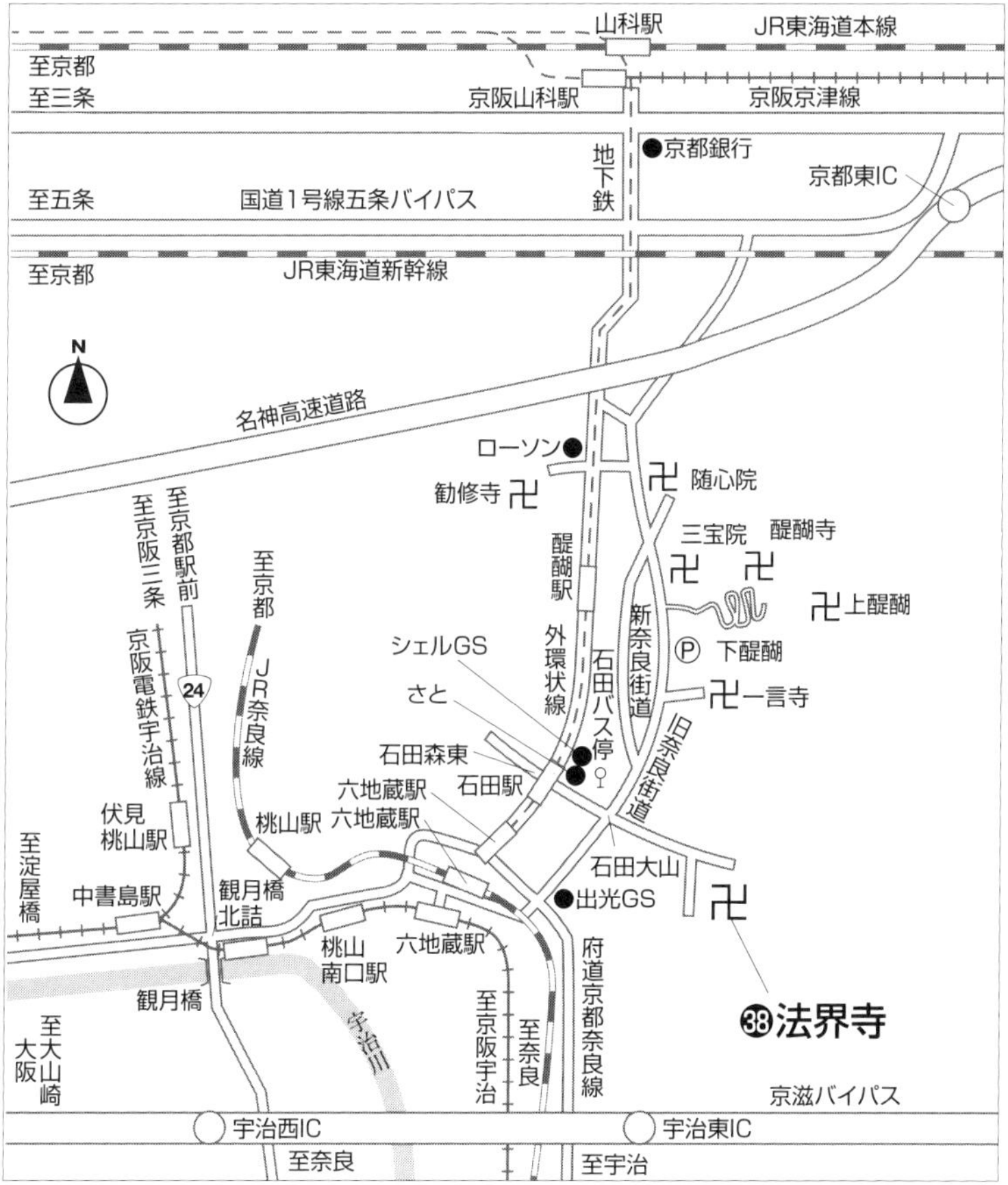

道順 〈徒歩〉市営地下鉄東西線石田駅下車、徒歩約20分。京阪六地蔵駅、ＪＲ山科駅より、京阪バスでそれぞれ「山科駅」「京阪六地蔵」行「石田」下車、徒歩13分。京阪六地蔵駅、ＪＲ六地蔵駅、地下鉄石田駅より、京阪バス「日野誕生院」行（30分に1本ほど）「日野薬師」下車すぐ。〈自動車〉名神京都東ＩＣより国道１号線を経て外環状線を南下、石田森東交差点を左折。京滋バイパス宇治西ＩＣ（大阪から）より側道を通り、宇治東ＩＣ（滋賀から）よりそれぞれ府道京都宇治線を北へ旧奈良街道に入り石田大山交差点を右折。

〈付近の名所〉醍醐寺　随心院　勧修寺　万福寺　平等院

第39番 醍醐山《だいごさん》 醍醐寺《だいごじ》

真言宗醍醐派総本山

〒601-1325 京都市伏見区醍醐東大路町22 電話075(571)0002(代)

本尊●薬師如来 開山●聖宝・理源大師 中興●義演 開創年●貞観十六年（八七四）

●御詠歌● 醍醐山《だいごさん》 麓《ふもと》に在《お》わす お薬師は 廣《ひろ》く衆生《しゅじょう》を 済度《さいど》し給《たま》う

秀吉、秀頼父子の援助でようやく再建

醍醐寺の草創は、「醍醐寺縁起」（重文・江戸中期）によれば貞観十六年（八七四）六月一日であります。この日、聖宝尊師（理源大師）は、五色の雲がたなびく笠取山に登り、湧き出る泉を掌にとり「あー醍醐味なるかな」と飲み干す老翁に出会います。老翁は地主神・横尾明神であり、聖宝は霊泉の出るこの地を横尾明神から譲り受け、准胝、如意輪観音を祀り、安置しました。

醍醐寺は延喜七年、醍醐天皇の御願寺となり、薬師堂や五大堂などが山上に建立されました。延喜九年に聖宝尊師はその生涯を閉じましたが、その後も醍醐寺は、醍醐、朱雀、村上の三帝の帰依を受け、発展を続けます。山麓にも釈迦堂（延長四年＝九二六）、法華三昧堂（天暦三年＝九四九）などが次々と建立され、天暦五年（九五一）五重塔が完成し、下醍醐の伽藍は整いました。

平安から鎌倉にかけて、真言宗の中心的寺院として発展し、その法流は全国に広まりました。南北朝に入ると、寺内が南朝方と北朝方にわかれる事態となりますが、足利義満の時代、七十三代座主・満済准后が登場し、再び醍醐寺を隆盛へと導き、南北朝時代に散逸した宝物を集めました。

文明二年（一四七〇）大内氏の軍勢により、下醍醐の伽藍は五重塔を残し、ことごとく焼失しました。八十代座主義演准后の時代になり、豊臣秀吉、秀頼父子の援助で醍醐寺はようやく再建され

ます。秀吉が慶長三年（一五九八）三月十五日に醍醐寺で催した「醍醐の花見」にあわせて、五重塔の修理や三宝院庭園の整備が行われました。その後も、開山堂、如意輪堂、西大門（仁王門）などが次々と再建されていきました。

薬師霊場となっている国宝・金堂の薬師三尊（重文）も、豊臣家の援助によって醍醐寺にもたらされました。秀吉が焼失した金堂の再建を命令し、その息・秀頼の時代に金堂は完成し、薬師三尊も安置されました。以後、醍醐寺の本尊として、広く信仰を集めています。

●主な年中行事　一月五日年頭式初護摩供　二月三日節分会　二月二十三日仁王会＝五大力さん　三月下旬〜五月上旬霊宝館春期特別展　四月第二日曜日豊太閤花見行列　五月十八日西国第十一番札所本尊開扉法要　八月五日醍醐山万灯会　十月上旬〜十二月上旬霊宝館秋期特別展

●宿泊・休憩施設　なし。境内に「雨月茶屋」あり。

問い合わせ先０７５-５７１-１３２１

●拝観料　伽藍・三宝院・上醍醐各六百円、中・高生三百円、小学生無料、団体割引あり。霊宝館（開館時）一般六百円、中・高生三百円、小学生無料、団体割引あり。共通拝観券（二枚綴り・三枚綴り）あり。

新《あら》たなり

醍醐寺座主　麻生文雄

よく寺院の玄関などに「看脚下《かんきゃっか》」と書いてある。それは唯履物を揃えなさいということではない。もちろん、自分が今脱いだ履物を揃えることは大切なことだが、それよりも、「履物を揃えると心が落ちつく」、「人の履物が乱れていたら、そっと揃えてあげよう。みんなの心が揃うから」ということだ。

人知れず目立たぬよう、そっと揃えて人の幸せを念ずることが徳を積むことになる。

今なすべきことを直ぐに実行するということ。実行すれば、そこに新たなるものが生まれてくる。今日なすべきことは、今日のうちに実行して明日に延ばさない。明日はまた明日実行すべきことがある。これがよき一日を生きる道である。

日に新たならば、若さも生じてくる。計画性と行動力が伴えば、〝ボケ〟は封じられる。古いものを排出し、新たなるものを吸収すれば、自ら新陳代謝して老衰から遠ざかる。身も心も若返ってくるはずである。

醍醐寺の境内でも、樹木の剪定や枝打ち、それに伐採を行うだけでなく、新たな植樹を行っている。新たに植樹した枝垂れ桜などは、少し見ないと驚くほど伸びている。大きく育っていく桜は、昨日の桜であって、昨日の桜ではない。今日の桜は日に新たなる桜であって新しい生命を持っている。

新たなり、とは、生命を若返らせることである。

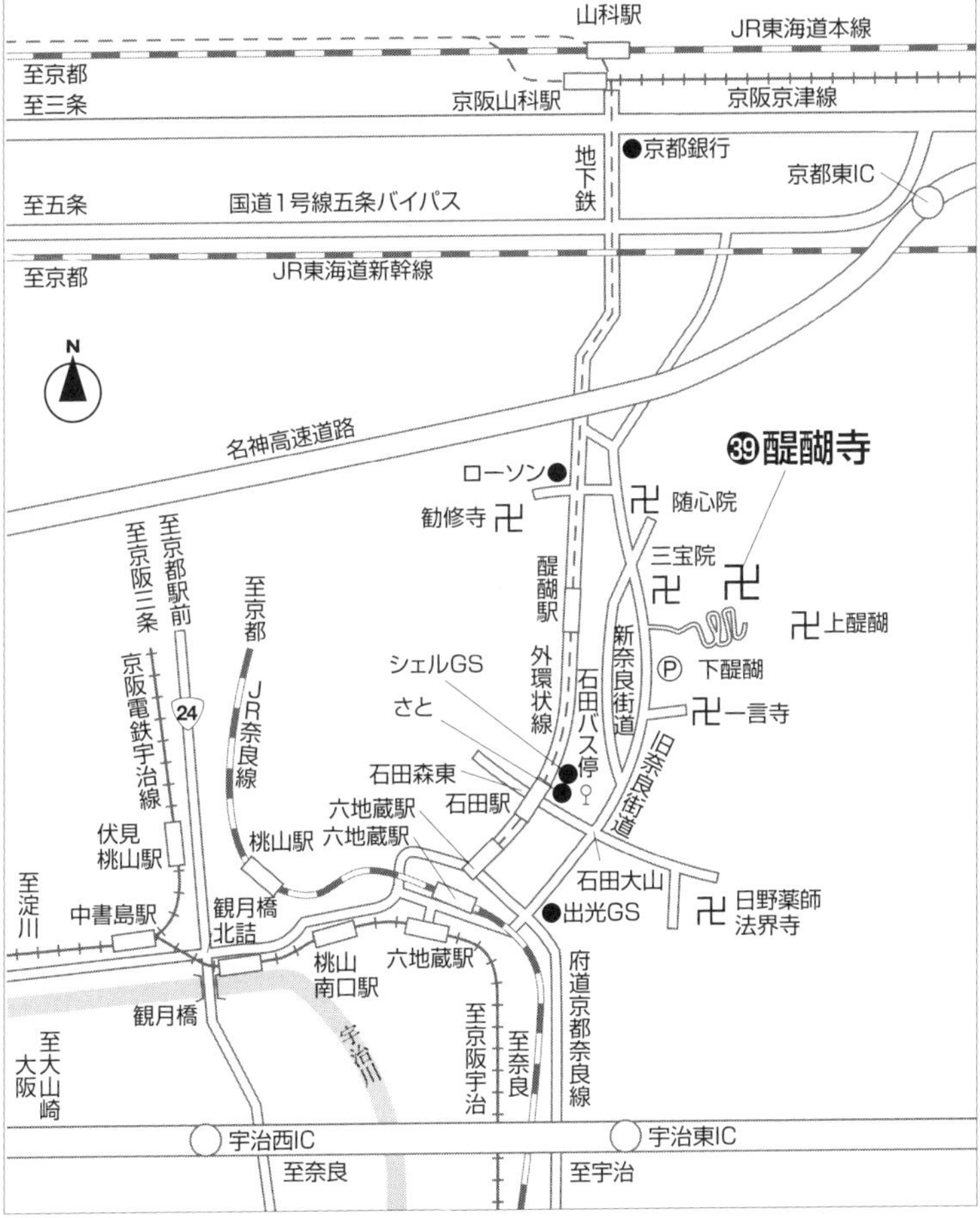

道順　〈徒歩〉電車ならＪＲ山科駅またはＪＲ六地蔵駅・京阪六地蔵駅から地下鉄東西線に乗り換え醍醐駅下車、徒歩13分。バスならＪＲ山科駅より京阪バス六地蔵行（22番・22Ａ番）、ＪＲ六地蔵駅より京阪バス山科行（22番・22Ａ番）、京阪六地蔵駅より京阪バスＪＲ山科行（22番・22Ａ番）に乗車、いずれも「醍醐三宝院」下車すぐ。〈自動車〉名神高速京都東ＩＣから外環状線小野経由、旧奈良街道沿い。

〈付近の名所〉随心院　勧修寺　一言寺　岩屋寺　法界寺

第40番 瑠璃山《るりざん》 雲龍院《うんりゅういん》 真言宗泉涌寺派

〒605-0977 京都市東山区泉涌寺山内町36 電話075(541)3916
本尊●薬師如来 開山●竹巌聖皐上人 中興●如周正専 再中興●玄猷祖純 開創年●応安五年(一三七二)

●御詠歌● るり光《ひか》る 御寺《みてら》の山の 薬師佛 計り無き世の 道しるべなり

皇室ゆかりの写経道場

雲龍院は真言宗の総本山泉涌寺の別格本山であり、境内の一番奥まったところにあります。泉涌寺は、東山三十六峯の南端、月輪山麓の清らかな湧き水のほとばしる仙境にあり、約四万坪の広さを備えています。皇室のご菩提所として、特異な格調高い法域でもあります。諸宗兼学の道場として、壮大にして華麗な殿堂が甍《いらか》を連ねており、かの有名な楊貴妃観音像も大門を入ったすぐ左手の観音堂に安置されています。

当院へは大門を横切り、左奥へと上がって行きます。雲龍院は、北朝第四代後光厳天皇が、泉涌寺第二十一世竹巌聖皐律師の法徳を慕われ、応安五年(一三七二)に創建されました。後光厳院はたびたび行幸になり、律師に聞法受戒しておられ、引導を受けて当院の背後の山に葬られました。後光厳天皇の御子後円融天皇、御孫後小松天皇も深く聖皐律師に帰依され、雲龍院の発展のため厚いご配慮をされ、ご葬送も当山で行われました。

後円融天皇は、康応元年(一三八九)如法写経を発願され、そのご宸翰により法要が盛んになりました。現在も毎月二十七日の後円融天皇のご祥月命日と、四月二十六日の開山聖皐律師の命日頃に厳修されています。延徳四年(一四九二)は後円融天皇の百年忌に当たり、ご尊影を絵所預の土佐光信に画かしめて御所で叡覧に供しました。今日重要文化財に指定されています。

文亀元年（一五〇一）後柏原天皇は綸旨をもって御黒戸御所を雲龍院に賜り、如法修殿と名付けられました。現在の本堂であり、重要文化財に指定されています。慶長元年の大地震で堂宇は大破しましたが、如周和尚が修理し再興されました。

信仰厚い後水尾上皇は、写経道具一式二百点を当院に下賜されました。また上皇の第七皇女光子内親王が書写された法華経が宝塔におさめられて、写経会の本尊として奉安されています。江戸時代後期には、皇室とのご縁故はますます深まり、玄関・方丈・勅使門を賜り、次いで明治元年（一八六八）歴代のご尊牌を奉安する霊明殿が現在のように再建されました。庫裡に祀られている大黒天は、俗に「走り大黒」と言われ、泉山七福神の第五番として信仰を集めています。

●**主な年中行事**　一月成人の日泉山七福神巡り　四月二十七日如法写経会　毎月二十七日写経日

●**宿泊・休憩施設**　なし

●**拝観料**　三百円

十善戒

雲龍院住職　市橋朋幸

雲龍院は後円融天皇が綸旨を下されて以来の写経道場であり、現在でも一般に写経の功徳を積んでいただいております。写経の前にはお清めの作法があり、身口意の三業を清めることで、十善戒を意識付けるものでもあります。

まず、丁字を口に含むことで口から発する四つの事を清めます。不妄語――みだらな事を言わない　不綺語――無意味なお喋りを言わない　不悪口――人の悪口を言わない　不両舌――嘘をつかない

次に、塗香を手に塗って身体でする行為を清めます。不殺生――生き物を殺さない　不偸盗――盗みをしない　不邪淫――男女の道を乱さない

最後に、酒水で清水をそそいで心から生まれる三つの事を清めます。不慳貪《けんどん》――欲深いことをしない　不瞋恚――ねたみの心をもたない　不邪見――よこしまな考えをしない

このように羅列すると、子供への躾の基本だと笑う方もおられるかもしれません。しかし、これらの十善十悪は、大乗・小乗の多くの経典に説かれ、阿含では十善は人・天の世界に生まれ、十悪は地獄・餓鬼・畜生の三悪道に堕ちるとされています。

今こそ基本に立ち返り、十善を守りお互いの心に留め置くことで、穏やかな心で幸せに過ごせ、争いのない世界になるよう、心がけたいと思います。

道順 〈徒歩〉ＪＲ京都駅よりタクシーで約10分。京阪電鉄東福寺駅より約1km。市バス「泉涌寺道」より約500m。

〈自動車〉名神高速道路京都南ＩＣより国道1号線に入り、東大路泉涌寺道より東へ500m。無料駐車場あり。

〈付近の名所〉泉涌寺　今熊野観音寺（西国15番札所）　来迎院（大石義雄由緒の茶室）　戒光寺（丈六釈迦如来）　即成院（二十五菩薩）

第41番 法寿山《ほうじゅざん》 正法寺《しょうぼうじ》

真言宗東寺派　通称・西山大師

〒610-1153 京都市西京区大原野南春日町1102 電話075(331)0105

本尊●千手観音　開山●智威大徳　開創年●天平勝宝年間（七四九～七五七）

●御詠歌●　西山《にしやま》に　散るもみぢ葉も　咲く花も　さながら法《のり》の　すがたなりけり

平安の面影を残す「癒しの寺」

大原野は京都盆地の西南に位置し、平安時代には皇族や公卿の遊猟の地として古典文学にもたびたび描かれた、古跡に富んだ土地柄です。山野のかもし出す幽玄な風景は早くから仏徒の目をつけるところとなり、傷心を癒すにふさわしい場所として、西行法師、在原業平、木下長嘯子らがいずれもこの地に隠世しています。

一方で、短期で幕を閉じましたが、長岡京の都から西北の位置にあったことから、方角上、都を守護するための厄除けの儀式をする場所でした。伝教大師最澄は、この地に薬師如来を本尊とする大寺「大原寺」を建立。周囲を囲っていた四十九の塔頭の一つであった正法寺は、その後の歴史の有為転変で一山の寺々が煙滅していくなか、唯一現在に歴史を引き継いでいる寺であります。

天平勝宝年間、唐から鑑真和上の高弟として共に来朝した智威は、この地に隠世し薬師如来を祀って修行したといいます。その後は、応仁の戦火等もあって荒廃していましたが、江戸時代初期、戒律復興の祖・明忍律師の法友である慧雲、長圓両律師らが、智威大徳の遺跡を慕って再建したのが現在の正法寺です。本堂には、薬師如来のほか、三面形式の千手観音（重文）、弘法大師作と伝わる聖観音などが祀られています。

本堂での参拝が終われば、客殿で石庭を眺めながらゆっくりとくつろいでいただきたい。象、亀、フクロウ、ウサギ、獅子、蛙等の形をした名石が配置され、遊び心も手伝って「鳥獣の庭」と称されています。はるか東山連峰を見わたす借景も圧巻。春の桜、秋の紅葉をはじめ、四季折々に風情の感じられる名庭です。

書院には、西山の山並と四季の草花が、四つの部屋それぞれ一面に描かれています。さらに不動堂へ参拝の後、前庭にある水琴窟に耳を傾ければ、涼やかな音色を堪能していただけます。

大自然の中にたたずむ静寂さ、遠く平安の面影を今に残す周辺の景観とあいまって、正法寺はまさに「癒しの寺」の面目躍如たる古刹であります。

●**主な年中行事**　一月一日初護摩祈願　一月八日初不動祭　春秋彼岸中日彼岸会・子育水子地蔵大祭　四月上旬花まつり　八月下旬施餓鬼修行　毎月二十一日十一時弘法大師おつとめ　毎月八日春日不動護摩祈願祭

●**宿泊・休憩施設**　宿泊施設なし。休憩五十人まで可、事前に寺に連絡のこと。費用志納。

●**拝観料**　三百円

薬師如来の誓願を今に

正法寺住職　吉川弘哉

「生れ生れ生れ生れて生《しょう》の始めに暗く、死に死に死に死んで死の終わりに冥《くら》し」。弘法大師の言葉です。生死を繰り返す我々の「いのち」は一体どこからやって来てどこへ行くのか。そんな悠長なこと考えていられるか、といわれそうな今の世相ですが、生命への畏敬がどんどん失われつつある現在にこれこそかみしめたい言葉です。

さて昔から、死に際して西方浄土から私たちを迎えに来られるという阿弥陀如来を「来迎の仏」というのに対し、薬師如来は東方から私たちをこの世へ送りだした「遺送の仏」といわれています。

一夜明ければ大陽が生まれ変わったように昇ってくる如く、亡き人も阿弥陀如来に導かれて西方浄土へたどり着いた後、より素晴らしい存在で生まれ変わって来てほしい。古来から人々はこのような考えのもと、循環する永遠のいのちの一環としての現世に少しでも多く功徳を積むことを心がけて来ました。日の出と共に日々を精進して菩提の種をまいていくことの大切さを、薬師如来は教えているといえます。

文明は発達しても、文化は退歩しているように見える現今の人間社会。ひたすら利便を追い求めるのみで、生態系を乱し地球環境に異変が現れてもまだ懲りることを知りません。

薬師如来さまはなぜ私たちをこの世に送り出していただいたのか、ここらでじっくりと考える必要がありそうです。祖先の残してくれた美しい地球を次世代に引き継いで行くためにも。

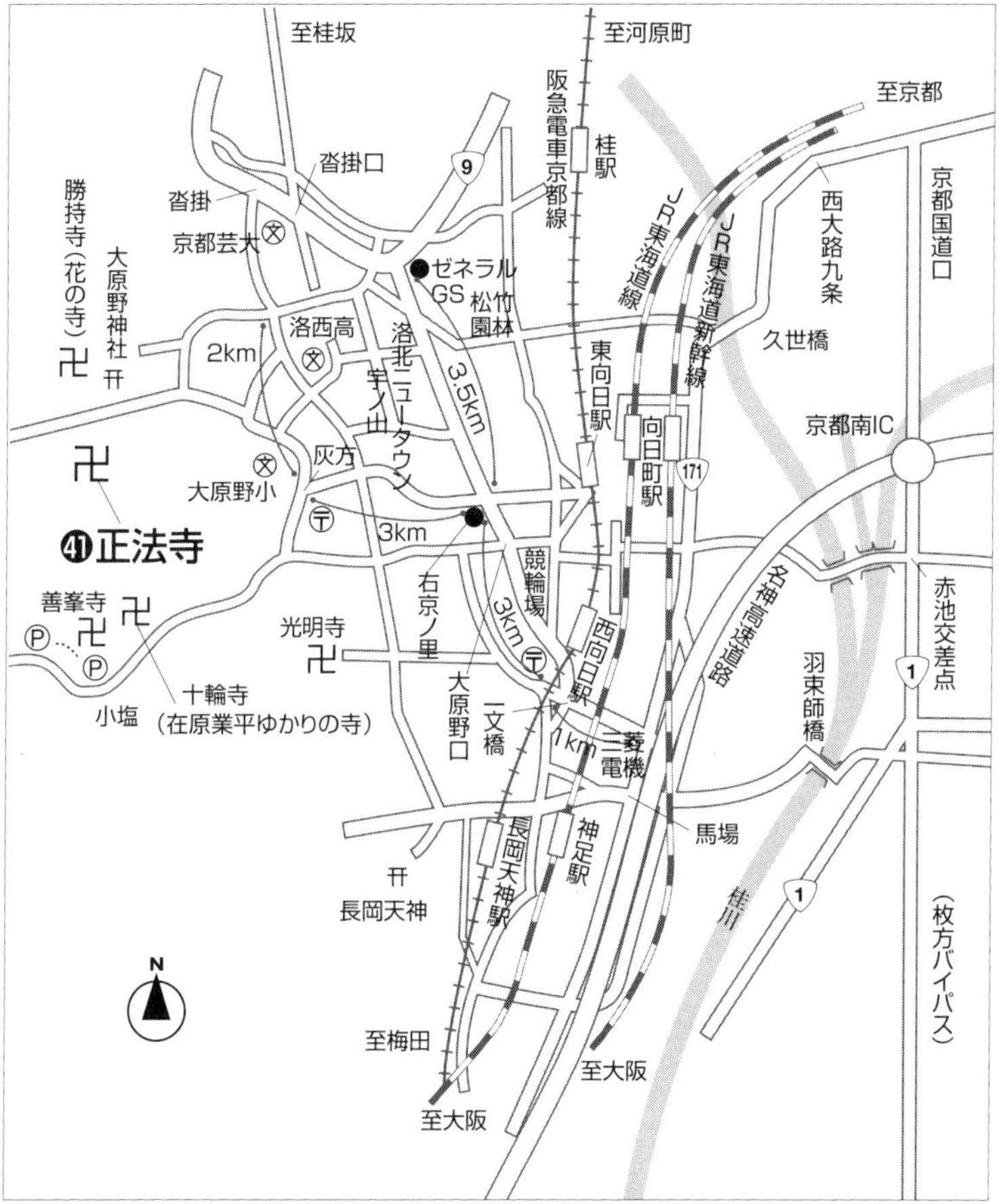

道順 〈徒歩〉阪急京都線東向日駅下車、バス「南春日町」下車徒歩8分。阪急東向日駅または桂駅よりタクシー約10分。ＪＲ向日町駅よりタクシー約10分。

〈自動車〉国道171号線から上植野（菱川）を西へ6 km。または国道9号線沓掛《くつかけ》口から南西へ3km。境内に無料駐車場あり。大型バスは大原野神社駐車場へ。

〈付近の名所〉大原野神社　花の寺（勝持寺）　善峯寺

第42番 小塩山《おしおざん》 大原院《だいげんいん》 勝持寺《しょうじじ》 天台宗 通称・花の寺

〒610-1153 京都市西京区大原野南春日町1194 電話075(331)0601
本尊●薬師如来 開山●役の行者 開創年●白鳳八年(六七九)

●御詠歌● み仏の 瑠璃の光の 花の寺 めぐみもひらく ときにあふかな

西行ゆかりの「花の寺」

当山は、京の西山連峰のふもとにある古刹であります。白鳳八年(六七九)天武天皇の勅命によって神変大菩薩役《えん》の行者《ぎょうじゃ》が創建したのが、この寺の始まりです。

延暦十年(七九一)には、伝教大師が桓武天皇の勅命を受けて堂塔伽藍を再建され、薬師瑠璃光如来を一刀三礼をもって刻まれて、本尊とされました。

平安時代の初めには、弘法大師が、眼病に悩む人たちのため、不動明王に病魔退散を祈願されたところ、霊験あらたかでした。そこで、石不動明王を刻んで、岩窟の中に安置されたと伝えられ、以来、諸病平癒の不動様として信仰されています。

承和五年(八三八)には、仁明天皇の勅願により、塔頭四十九院が建立され、大寺として整えられました。延長五年(九二七)醍醐天皇の勅命により、小野道風が「勝持寺」の勅額を納めました。

保延六年(一一四〇)には、鳥羽上皇に仕えていた北面の武士、佐藤兵衛義清《のりきよ》が、当寺において出家し、名を西行と改め庵を結んで隠棲、一株の桜を植えて吟愛しました。人々は、その桔梗形の八重桜を西行桜と称し、寺を「花の寺」と呼ぶようになりました。

室町幕府を開いた足利尊氏が六波羅を攻めるとき、当寺に宿を取り、住職から「勝持寺」の旗竿を献上され大いに喜んだと『太平記』に記されています。足利氏の庇護を得て、寺勢はますます盛んになりましたが、応仁の乱の兵火に遭い、仁王門を除きすべて消失しました。現在の建物は応仁の乱後に再建されたものです。

本堂の奥の瑠璃光殿では、本尊の重文薬師如来、本尊の胎内から発見された重文の薬師如来、同じく重文の金剛力士像、日光菩薩、月光菩薩、十二神将像などを拝することができます。

境内には、西行桜をはじめ、数種類約百本の桜が植えられています。その大半を占める染井吉野は、例年四月上旬に満開となります。また、同じ数ほどのもみじが自生し、例年十一月中旬には紅葉を迎えます。

●主な年中行事　一月一日修正会　毎月八日薬師如来縁日
●拝観料　四百円

往生

勝持寺住職　中村真容

本来「往生」という言葉は、「現世を去って、仏様の国である浄土に生まれること」をいいます。つまり、文字どおり「往って生まれ変わること」なのです。

たしかに阿弥陀如来という仏様は、私たちが「南無阿弥陀仏」と唱えれば、お浄土である極楽世界に往生させてくださると言っておられます。

極楽浄土に往生したあと、私たちはどうなるのでしょうか。極楽浄土は「仏国土」で「仏様の国」であります。そこには一年中花が咲き乱れ、暑さもなければ寒さもない。家の心配も食べる心配もない。また男女の区別もなく、結婚の必要もなく、それゆえ子どもだっていない。わざわざ出家しなくても、全員が出家者であるから煩悩もないのです。このような環境で、極楽浄土では何事にも心を煩わされることなく過ごせるのです。「なんだ、つまらないところだな」と思われる方もおいででしょうが、仏教の最終目標は仏になることであって、「仏になるための教え」が仏教なのですから、極楽浄土に往生できたとしても、それは修行を続けて仏になることを目指すということなのです。

そして、阿弥陀仏への帰依が「南無阿弥陀仏」と唱えること、といってもこれらを踏まえていないと往生は叶わないように思えます。世間の風潮に流されて、なんら省みることなく悪行を重ねて、臨終の間際に慌てて「南無阿弥陀仏」と唱えても、往生が叶うはずはないでしょう。

とにかく、私たちは今、人間界というこれもまた一つの修行の場に生を受けているのですから、色んな苦労も修行と思い、良い修行をしましょう。そして、良い往生をいたしましょう。

道順〈徒歩〉阪急京都線東向日駅下車、阪急バス南春日町行終点下車、徒歩約20分。ＪＲ向日町、阪急洛西口駅よりタクシー約15分。

〈自動車〉名神高速道路京都南ＩＣ、国道1号線を経て、久世橋通で左折、国道171号線の久世橋を渡って洛西ニュータウンに入り、洛西高校で右折する。駐車場あり。

〈付近の名所〉大原野神社　正法寺　善峯寺　十輪寺

第43番　朝日山《あさひざん》　神蔵寺《じんぞうじ》

臨済宗妙心寺派　通称・佐伯薬師（佐伯のお薬師さん）、稗田野《ひえだの》薬師

〒621-0033　京都府亀岡市稗田野《ひえだの》町佐伯岩谷ノ内院ノ芝60　電話0771(23)5537

本尊●薬師如来　開山●伝教大師最澄　開創年●延暦九年（七九〇）

●御詠歌●あさひやま　あかねさしいずる　かげそいて　だいひのちかい　ひろきみちしば

朝日山に抱かれて千二百年の静寂

延暦七年（七八八）比叡山延暦寺を建てられた伝教大師最澄が、その二年後の延暦九年（七九〇）に、延暦寺の薬師如来と同木で薬師如来坐像を刻まれ、この地に堂宇を建ててお祀りになったのが、この寺の始まりです。この地は比叡山の真西にあたり、朝日に映える山ふところにあるところから、朝日山神蔵寺と名づけられました。天台宗の道場として栄え、正暦年中（九九〇～九五）には塔頭二十六を数える大寺であったといわれます。

治承四年（一一八〇）源頼政が以仁王《もちひとおう》を奉じて平家討伐の兵を挙げたとき、以前から源氏の尊崇が篤かった神蔵寺は、源氏に味方し、大津三井寺の僧兵たちと呼応して平家に敵対しました。ところが、頼政は戦に敗れ、宇治平等院で自害してしまいます。そのため当寺は、平家に寺領を没収され、寺は荒廃していきました。

嘉禎元年（一二三五）には、天台宗の達玄僧都がこの地に来錫。伝教大師の末流として、この寺の再興を発願し、努力を重ねた結果、往時に劣らぬ大寺として再興することができました。それまでは女人禁制でしたが、その禁を解いたため、善男善女、袖を連ねて参るところとなりました。

応永年間（一三九四～一四二八）には、室町幕府の管領細川頼元が補修をしました。ところが天正三年（一五七五）、明智光秀が丹波へ入国する際、この寺を焼いてしまいました。ただ、本尊の

薬師如来は、山奥へ難をのがれて無事でした。

承応二年（一六五三）には、浄土宗の願西が、本堂、阿弥陀堂、鐘楼等を建立、天台宗から浄土宗に変わりました。現在の本堂はその時のものです。延宝元年（一六七三）、亀山城主の松平伊賀守源忠昭公が、臨済宗妙心寺派の高隠玄厚和尚を請じて復興させ、禅宗として現在に至っています。

本尊の薬師如来坐像は、優美な中に包容力を感じさせる藤原末期の様式を伝える尊像で、国の重要文化財に指定されています。朝日山の大自然に抱かれたこの寺は、研ぎ澄まされた静寂の中にあり、山寺の雰囲気に包まれています。四季折々、お参りするたびに新しい魅力を発見する喜びを味わうことができます。

●**主な年中行事**　一月一日元旦修正会　四月八日聖天祭（同日に近い休日になることあり）　九月十二日薬師例祭（同日に近い休日になることあり）
●**宿泊・休憩施設**　湯の花温泉旅館が近い。
●**拝観料**　志納金方式。開帳は予約制、電話で可。

浄瑠璃世界の私を観よ

神蔵寺住職　松本泰山

人の心は少しの間もとどまることなく移ろいゆき、人の世は刻一刻と進みゆくものです。毎日の仕事を追いつ追われつする日々の中で、今のこのことをどうしよう……と思う。その心に周囲からは、ああすれば、こうすればと、たくさんの情報がとび込んでくる時代であります。その結果、かえって迷い悩みがますます出てくることになります。決断と実行を先んじる人が、他人を動かし世間を動かしていくのは、世の常であります。

千二百年の歴史を秘めた、ここ神蔵寺のお山は、ひっそりと今も東方を望み続けるお寺であります。伝教大師ご自作と伝えられるご本尊のお薬師さんは、幾多の戦乱と和平の世を、堂宇の盛衰とともにご覧になってこられました。まさに「夢中の事の如し」でありましょう。

仏さまに合掌し礼拝する時、それは、私自身が、今ここにこうしてあることに深い感謝と喜びを味わわせていただく時なのです。

父を思い、母を思い、兄弟姉妹を、はたまたわが子や恋しい人を思いながら、お薬師さまの前に立ったとき、

「ああ、何もかもが、お薬師さまのふところの中であったか」

と、目覚めさせていただけるのであります。

静かで大いなる朝日山のふところに抱かれ、大師の大慈大悲を受けとめてください。　合掌

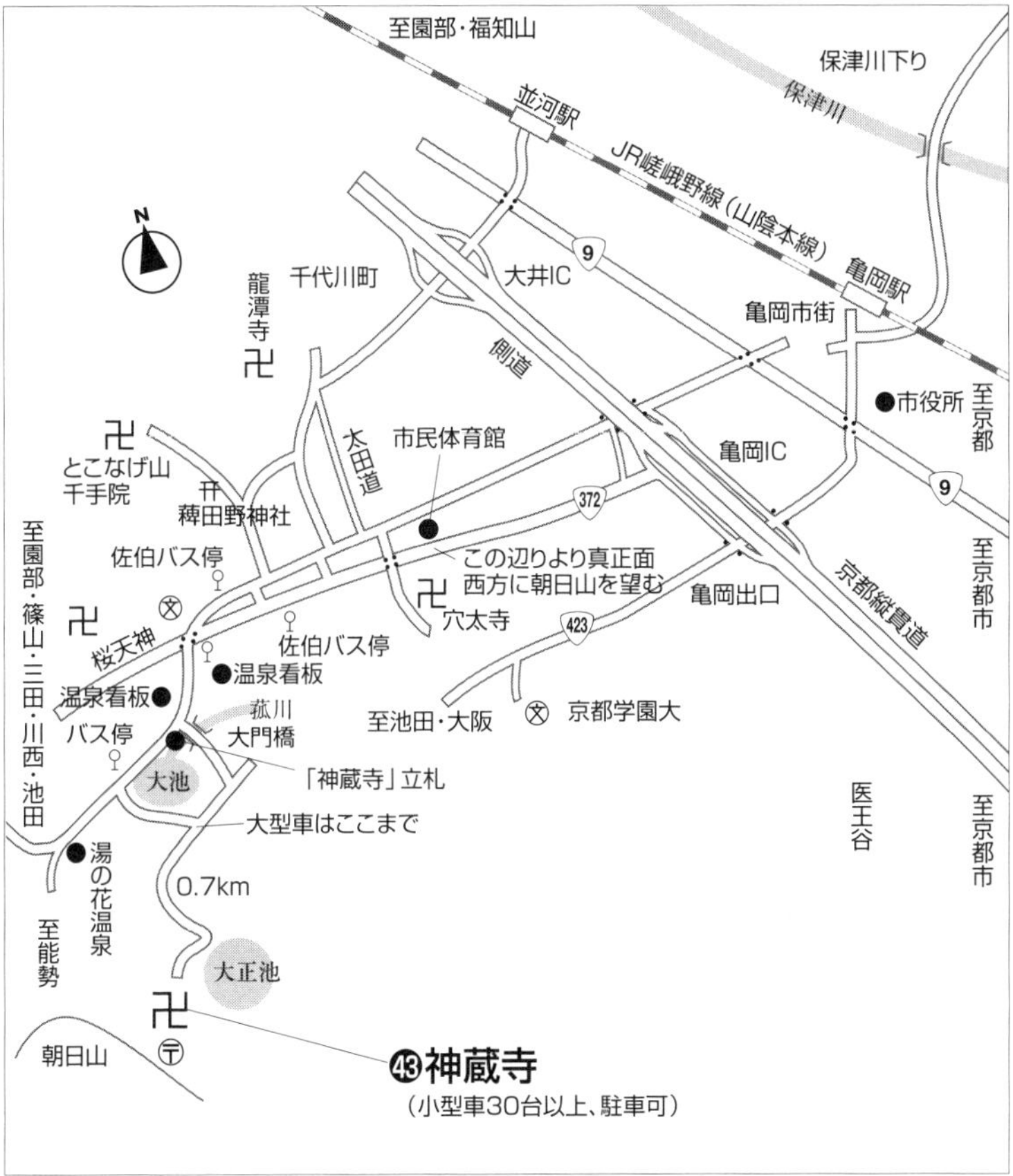

道順 〈徒歩〉ＪＲ嵯峨野線（山陰本線）亀岡駅より湯の花温泉行バスにて、「佐伯」または「上佐伯」「グリーンハイツ前」下車、徒歩約15分。

〈自動車〉国道9号線バイパス亀岡ＩＣより国道372号バイパスを西進5km。境内に無料駐車場あり。30台。大型バスは、参道下に駐車、徒歩約5分。

〈付近の名所〉トロッコ列車嵯峨野線　保津川下り　桜天神　瑞巌寺　龍潭寺　苗秀寺

第44番 高雄山《たかおさん》 神護寺《じんごじ》 高野山真言宗

〒616-8292 京都市右京区梅ヶ畑高雄町5 電話075(861)1769 http://www.7b.biglobe.jp/~kosho/

本尊●薬師如来 開山●慶俊 開創年●天応元年(七八一)

●御詠歌● 高雄山 衆生の病 癒《いや》さんと 願いあらたな 薬師まします

和気清麻呂ゆかりの名刹

平安遷都の提唱者であり新都市造営の推進者として知られる和気清麻呂は、天応元年(七八一)、国家安泰を祈願し、河内に神願寺を、ほぼ同じ時期に、山城に私寺として高雄山寺を建立しました。

神願寺の発願は、和気清麻呂がかねて宇佐八幡大神の神託を請うたとき、「一切経を写し、仏像を作り、最勝王経を読誦して一伽藍を建て、万代安寧を祈願せよ」というお告げを受けましたが、その心願を成就するために建てたと伝えられています。寺名もそれに由来しています。

私寺として建てられた高雄山寺は、海抜九百メートル以上の愛宕五坊のひとつといわれていることからすれば、単なる和気氏の菩提寺というよりは、それまでの奈良の都市仏教に飽きたらない山岳修業を志す僧たちの道場として建てられたと考えられます。愛宕五坊のうち現存するのは、高雄山寺改め神護寺と月輪寺のみであります。

その後、清麻呂が没すると、高雄山寺の境内に清麻呂の墓が祀られ、和気氏の菩提寺としての性格を強めることになりましたが、清麻呂の子息(広世、真綱、仲世)は亡父の遺志を継ぎ、最澄、空海を相次いで高雄山寺に招き、仏教界に新風を吹き込んでいます。

広世、真綱の兄弟は、比叡山中にこもって修行を続けていた最澄に、高雄山寺での法華経の講演を依頼します。この平安仏教の第一声ともいうべき講演が終わると、最澄は還学生として唐に渡ることになります。一方、空海は留学生として最澄とともに入唐しましたが二年で帰国、三年後にようやく京都に入ることが許されるや高雄山寺に招かれ、以後数年にわたって親交が続けられ、天台と真言の交流へと進展してゆきます。

天長元年（八二四）真綱、仲世の要請により、神願寺と高雄山寺は合併し、寺名を神護国祚真言寺《じんごこくそしんごんじ》（略して神護寺）と改め、一切を空海に委嘱しました。それ以後真言宗として今日に至ります。

平安末には、文覚が荒廃した神護寺の再興を生涯の悲願としましたが、その達成への道のりは厳しいものでした。上覚や明恵といった徳の高い弟子に恵まれて、元の規模以上に復興されました。

●主な年中行事　一月一日新年法要　一月八日本尊供　一月二十一日御影供　二月十五日涅槃会　春秋彼岸彼岸会　四月八日仏生会　五月一日～五日宝物虫払い行事　七月二十一日文覚上人忌　八月十五日盂蘭盆会　十一月四日和気公追善供養

●休憩施設　休憩五十人まで可。事前に連絡のこと、費用志納。

●拝観料　五百円

釈迦の教え

神護寺前住職　谷内清岳

釈尊は現実の生活がいかに楽しくてもその底には本質的な矛盾があり、苦悩が横たわっていることを説かれた。人間の存在に関係することは物質的なものであれ、精神的なものであれすべては苦悩である。生老病死の四苦に加え、愛する者と別れる苦、憎い者と会う苦、欲するものを得られない苦、煩悩に色づけられた生存の苦の四苦を加えて八苦と呼ばれる。肉身、感覚、表象、意志、認識、いずれもが苦である。

ここで迷いと悟りの構造を、原因と結果の形で示したのが四諦（四つの真理）である。

第一苦諦　人間の生存は苦を本性としている。

第二集諦　生存が苦となる原因、それは渇愛である。欲望を満たしても満たしてもつねに不満足を感ずる根本的欲望が存在している。

第三滅諦　渇愛のすべて滅した時に入る「絶対の平安」すなわち涅槃をいう。

第四道諦　渇愛の滅を実現する実践をいう。これは八正道で示される。正しい見方、正しい思惟、正しい言葉、正しい行為、正しい生活、正しい努力、正しい注意力、正しい精神統一。ここで「正しい」とは二つの極端を正しく見きわめて、正しい実践を発見する「智恵」をいう。

我々は貪り、瞋《いか》り、慢心等の煩悩に支配されている。この煩悩から脱して善をなし、自己の心を無限に浄化して行くことが、我々の実践すべき眼目である。

道順 〈徒歩〉ＪＲ京都駅発のＪＲバス、または四条烏丸発の市バス8番にて、四条大宮、御室仁和寺前経由、「山城高雄」または「高雄」下車、徒歩約20分（バス所要時間約50分）。

〈自動車〉国道162号線（周山街道）高雄で駐車、徒歩約20分。

〈付近の名所〉栂ノ尾の高山寺　槇ノ尾の西明寺

第45番 魚山《ぎょざん》 三千院門跡《さんぜんいんもんぜき》 天台宗

〒601-1242 京都市左京区大原来迎院町540 電話075(744)2531(代) http://www.sanzenin.or.jp

本尊●薬師瑠璃光如来（秘仏） 開山●伝教大師最澄上人（七六七〜八二二）

●御詠歌● 懺法の おのづからなる 瑠璃光殿 こえ聞く人は 仏とぞなる

天台宗五箇室門跡の一つ

三千院は天台宗五箇室門跡（妙法院門跡、青蓮院門跡、毘沙門堂門跡、曼珠院門跡）の一つであり、門跡寺院とは皇子・皇族がご住職になられた寺院で、当院は親王様がご住職をお勤めになった宮門跡であります。開基は伝教大師最澄上人（七六七〜八二二）、ご本尊は最澄上人がお刻みになったと伝えられる薬師瑠璃光如来（秘仏）です。

三千院一帯は、上の院に来迎院、下の院に勝林院をかまえ、南を流れる呂川、北を流れる律川の二川に挟まれ、魚山と号し天台声明（仏教音楽）の修行の地として栄えました。余談ですが、声明には呂曲と律曲があり、呂律が合わさった声明もあり、うまく唱えることができないと「呂律がうまく回らない」ところから「ろれつがまわらない」という言葉の語源にもなっております。

また当院は、古儀に基づき、歴代天皇・皇后両陛下の回向法要を修し奉る御懺法講の道場となっています。御懺法講とは天皇様が親しく宸殿玉座にご臨席遊ばされ、先帝を偲び供養する大礼です。三千院門跡門主（住職）がご導師をお勤めになり、大臣、大納言も式衆として加わり、山門（延暦寺）と魚山（上の院、下の院）の僧侶が出仕し、声明と雅楽をもって行う法要です。あわせて天下泰平・万民豊楽のご祈願も行われます。現在では毎年五月三十日を御懺法講奉修日と定め、一般のご参拝の皆様にも献香していただけます。

大原はその昔、極楽往生を願って多くの人々が隠棲し修行をした地でもあり、往生極楽院（重文）に安置されている阿弥陀三尊像（国宝）はまさしく極楽に座し、われわれ衆生をお救いくださる仏として平安の世より手を合わす人々が絶えません。また、不動明王立像、救世観世音菩薩半跏思惟像（いずれも重文）をはじめ、中古、中世、近世にわたって書写され蒐集された聖教や古文書が、円融蔵に保存されています。その円融蔵は、平成十八年秋に収蔵と展示室を兼ね備えた施設として完成。展示室の天井には、往生極楽院の舟底型天井を原寸大でしつらえ、極楽浄土を表した壁画が極彩色で復元されています。

●主な年中行事　一月一日修正会　二月二十八日星供　三月彼岸中日彼岸会　五月三十日御懺法講　七月十五日施餓鬼会　八月十四日・十五日万灯会　九月彼岸中日曼陀羅供　十月十八日百味供　写経（毎日）法話（要予約）

●拝観料　大人七百円（団体三十名以上六百円）、中・高生四百円、小学生百五十円。

「いただきます」「ごちそうさまでした」

三千院

「いただきます」「ごちそうさまでした」食事をするとき、また食事の後に、当たり前のように口にする言葉です。天台宗では、略作法ですが、食事の前に食前観、食後に食後観をお唱えします。『我、今幸いに、仏祖の加護と衆生の恩恵に因って、この浄き食を得る、慎んで、食の来由を訊ねて、味の濃淡を問はず、その功徳を念じて、品の多少を選ばじ』

食前観の意味は、私は今、幸いにも仏様、祖師先徳のご加護とその食物を作った人、採った人、運んだ人、食べれるようにしてくれた人たちのおかげによりこの大切な命を得ることができました。おいしいとかまずいとか、多い、少ないなどというわがままや自分勝手なことは決して言いません。心してこの命のおかげで自分が生かされることを想い、この命に感謝することを忘れません。

食後観は『我、今この清き食を終わりて、心豊かに力身に満つ、願わくはこの心身を捧げ、己が業にいそしみ、誓って四恩にむくいたてまつらん』この食後観の意味は、私は今この大切な命をいただくことにより、恩を感じ豊かなこころが心身の隅々に行き渡りました。自分を生み育ててくれた父母、生活をしている国、精神的に支えてくれている三宝（仏、法、僧）、目に見えないところで力を与えてくれている多くの人たちに、自分ができることを、できるだけの力で、できるだけ行い、自分もまた、その力となることで、いただいた命が無駄にならないように精進いたします。家族揃って手を合わせてなんて、もうテレビのホームドラマの中のことなのでしょうか？　どうぞお子様に、また、お孫様に「いただきます」「ごちそうさまでした」を教えていただき慈悲と感謝のお心をわが家の「家宝」としてお残しください。

道順

〈徒歩〉ＪＲ京都駅、京阪三条駅、河原町四条駅、出町柳駅より、京都バスにて終点「大原」バス停下車、坂道を歩いて約10分。

〈自動車〉白川通または東大路通を花園橋まで北上、橋を渡らず右折、国道３６７号線を約８㎞北上、民間の有料駐車場あり。

〈付近の名所〉勝林院　来迎院　音無の滝　寂光院

第46番 繖山《きぬがささん》 桑實寺《くわのみでら》 天台宗 通称・桑峰薬師

〒521-1321 滋賀県蒲生郡安土町桑実寺292 電話0748(46)2560/4025

本尊●薬師如来 開山●定恵和尚（藤原鎌足の長男） 開創年●白鳳六年（六七七）十一月八日

●御詠歌● 南無薬師 衆病さい除の 願なれば 於のがみのかさ 古ゝ《ここ》にぬきお希

日本の養蚕発祥の地

桑實寺は滋賀県の中央にある繖《きぬがさざん》山の中腹にあります。創建は白鳳六年（六七八）で、天智天皇の勅願寺院として、藤原定恵によって開創されました。定恵和尚は、中国より桑の木を持ち帰り、この地において日本で最初に養蚕技術を教え広めたので、日本の養蚕発祥の地といわれています。山号の繖山も糸偏に散と書き、蚕が口から糸を散らしてマユを作りそれが絹糸になることにちなんだものです。往時には養蚕農家の人々や、絹織物の産地からの参拝者で賑わい、二院十六坊の宿坊がありました。

享禄四年（一五三一）足利第十二代将軍義晴が京都での争乱をさけ桑實寺に移住し、假幕府を開いています。この幕府は三年間続き、将軍滞在中の天文元年に「桑實寺縁起絵巻」を奉納しています。この絵巻は上下二巻、七段の絵詞で構成されており、絵は宮廷絵師土佐光茂、詞書は、後奈良天皇、青蓮院尊鎮法親王、消遙院三条西実隆の寄合書で、桑實寺の創建の由来および薬師如来、日光、月光菩薩の本願功徳を説いています。

絵巻の最終段は、日光、月光二菩薩をはじめ十二神夜叉大将が各々七千夜叉を従えた図で、都合すれば、八萬四千十二騎の随兵ができ、将軍義晴が上洛の祈願をこめてこの絵巻物を桑實寺に奉納したものと思われます。

その後の織田信長による近江侵攻や戦禍に関係なく現在に至りました。五十町歩の山林境内および瓢箪山古墳が国の史跡に指定され、南北朝時代建立の本堂（薬師堂）は国指定重要建造物に、「桑實寺縁起絵巻二巻」は国の重要文化財に指定されています。

境内には自然林がそのまま残されており、春の梅、桜、つつじ・さつき、あじさい、秋はもみじ・かえでなど紅葉が特に美しい。

●**主な年中行事**　一月八日初薬師護摩供法要　二月三日（節分の日）節分星祭護摩供法要　三月彼岸の入りの日彼岸会　四月二十五日開山忌法要　九月彼岸の入りの日彼岸会

●宿泊・休憩施設　宿泊施設なし。休憩所あり、五十名まで可。前もって寺へ連絡のこと。費用志納。

●入山料　三百円、団体割引二十人以上。

菩薩道

桑實寺住職　北川喜雄

桑實寺の本尊薬師如来の御詠歌は、「南無薬師、衆病さい除の願なれば、於のがみのかさ、ここにぬぎおけ」と記されています。

これは、「お薬師さまに諸々のお願いごとをするのであれば、自己の背負っているすべての煩悩を捨てて純白な心で参拝しなさい」という意味です。

現在は昔と比べると物質的にはずいぶん豊かになっていますが、心の豊かさ・やすらぎはどうなっているでしょう。

桑實寺は山門から本堂まで、自然石で造られた石段が約四百段続いています。昔の参拝者は、石段を一段登るごとに、一つずつ煩悩を忘れ一段ずつ功徳を積み重ねて、お薬師様のお堂に着いたときには、純白な心になってお願いをされたと伝えられています。

当寺は養蚕発祥の寺ですので、養蚕農家の人たちや絹織物の産地の人々が、「カイコがよく育ちますように」「良い絹織物ができますように」と祈願してお参りされたものです。戦後六十年を経て物質文明が発達した現在、心のなやみ、願いごともずいぶん変わりました。でも、遠く白鳳時代千三百年前に造られ、多くの参拝者がいろいろの願いを秘めて、一段ずつ踏みしめて登られた菩薩道であることに、今も昔も変わりはありません。

石段を登りながら、昔の人々の心を思い、今の生活環境と比べていただければ、少しは心のやすらぎ、豊かさを感じられると思います。お寺の境内にいる僅かな時間だけでも、心のやすらぎを覚えていただければ幸いです。

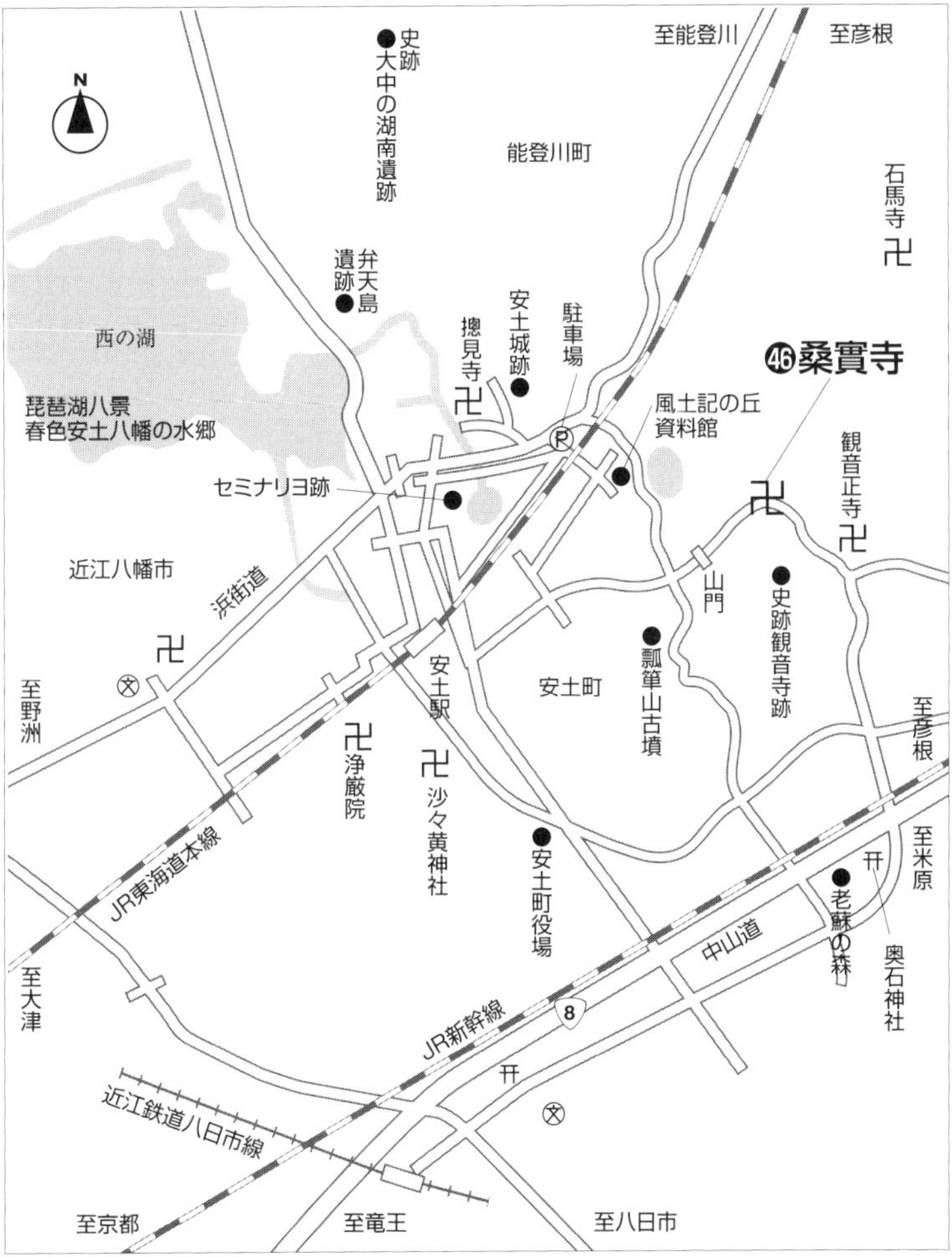

道順
〈徒歩〉ＪＲ東海道線安土駅より歩いて1.8km。山下までタクシーの便あり。
〈自動車〉名神高速の八日市または竜王のＩＣより国道8号線へ。8号線で安土町に入る。

〈付近の名所〉観音正寺（西国32番札所）　安土城跡　県立近江風土記の丘

第47番 岩根山《いわねさん》 善水寺《ぜんすいじ》 天台宗

〒520-3252 滋賀県湖南市岩根3518 電話0748(72)3730 FAX(72)3847 http://www.zensuiji.jp/

本尊●薬師如来 開山●元明天皇勅願 開創年●和銅年間（七一〇頃） 中興開山●伝教大師（延暦年間）

●御詠歌● いわねわり きよくながれて むべもよき みずはむすぶに たへじとぞおもふ

善水寺の由来

奈良時代和銅年間（七〇八～七一五）元明天皇の勅命により、鎮護国家の道場としてこの地に草創され、和銅寺と号しました。

延暦年間（七八二～八〇五）、伝教大師最澄上人が比叡山を開創されたとき、堂舎建立の用材を甲賀の地に求められ、この地を巡錫。桓武天皇がご病気になられた際、当山の霊水によって平癒されたことから「善水寺」の寺号を賜ったといいます。この霊水は今も境内で汲むことができます。

以来、天台寺院として繁栄し、七堂伽藍、僧坊二十六を有し、世の信仰を集めました。時は下って延文五年（一三六〇）火災によって本堂は消失しましたが、貞治五年（一三六六）足掛け七年の歳月をかけて、本堂が再建されました。この本堂は、桁行七間、梁間五間、入母屋造りの桧皮葺きの壮大な天台密教仏殿で、国宝に指定されています。宮殿風の蔀戸《しとみど》を用い、向拝を持たないその姿はことのほか美しい。

本堂附厨子内に秘仏本尊薬師如来をお祀りしています。本尊の胎内からは、多量の稲籾と正暦四年（九九三）の願文が見つかっています。梵天、帝釈天、四天王、僧形文殊菩薩、不動明王、兜跋毘沙門天も、本尊と同時期の像造と考えられており、この十体一組の尊像は、当時の比叡山根本中堂の様子を引写した、現存する唯一の一具像として貴重です。さらに堂内には金剛力士（旧仁王門像）、持国天、増長天（旧二天門像）、十二神将等三十余体の仏像を奉安し、そのうち十五体は重要文化財の指定を受けています。多くの尊像を間近で拝することができ、それはそれは壮観です。

そのうちの一体、当山で最も古い仏像が、金銅の釈迦誕生仏です。像高二十三・二センチ、奈良時代天平期の作と伝えられ、東大寺の国宝像に次ぐ国内屈指の誕生仏です。普段は未公開となっていますが、毎年五月五日の花祭りの当日には近くで拝することができます。このお姿の由来は定かではありませんが、聖武天皇、信楽宮、大仏造顕、近江国分寺さらに伝教大師と、関連されるそれらのゆかりを想うと、歴史の流れの不思議さを感じざるを得ません。

●主な年中行事　一月一日修正会　一月八日初薬師　二月節分節分会　五月五日花祭り　七月第一日曜日笈渡会　十月八日千灯会

●休憩施設　要相談

●拝観料　五百円（団体二十名以上四百五十円）

「百伝《ももづて》の池」伝説

善水寺住職　梅中堯弘

当山、善水寺本堂の東側に、一つの池があります。その名を「ももづてのいけ」と言います。今を去ること千二百年前、伝教大師最澄上人は、比叡山の堂舎建立の用材を、この甲賀の地に求められました。材を伐り出し、筏を組んでいざ流し下そうとしましたが、日照り続きのため野洲川に水がありません。

そこで大師は、雨乞いの法を修する地を探されたところ、一筋の光が目に差し込み、その光に導かれるまま当山に登られました。そこに百伝の池がありました。池の水面に梶の一葉が浮いており、よく見ると「是好良薬　今留在止」と法華経の一文が書かれております。これは不思議と池中を探ると、一寸八分、閻浮檀金（この世で最上の黄金の意）の薬師如来が出現しました。

その薬師仏を本尊に勧請され、請雨の法を修すること七日間、満願の日に大雨が一昼夜降り続き、その勢いによって、材は川を下り琵琶湖を渡って、比叡山の麓に着岸したといいます。

後に京の都で桓武天皇がご病気の際、霊仏出現の池水を汲まれ、薬師如来の宝前にて、天皇の病気平癒の秘法を修すること七日間、満願なって霊水を献上されたところ、たちまちのうちにご病気は平癒され、このご縁によって「善水寺」の寺号を賜ったといいます。

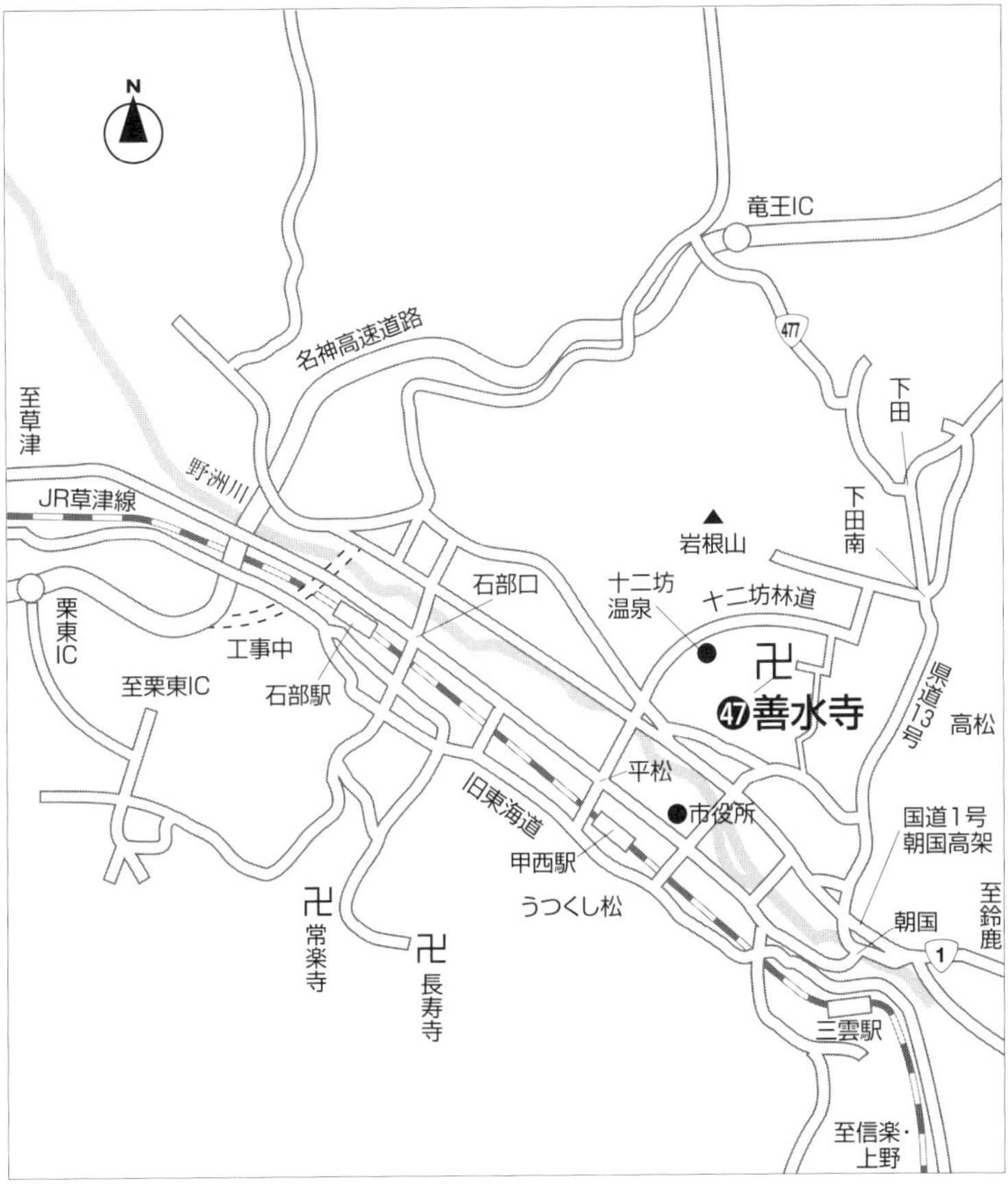

道順 〈徒歩〉ＪＲ草津線甲西駅下車、湖南市巡回バス、下田方面行き「岩根」下車、北へ歩いて10分。

〈自動車〉各方面より、「甲西大橋北詰」北上4km、十二坊温泉経由。または名神竜王ＩＣより国道477号、県道13号を経て、「下田南」交差点を西へ3km、十二坊温泉を目指す。山上に無料駐車場あり、大型バス乗入可。

〈付近の名所〉湖南三山（長寿寺、常楽寺、善水寺）　天然記念物「うつくし松」櫟野寺　御上神社　苗村神社　十二坊温泉

第48番 園城寺別所《えんじょうじべっしょ》 水観寺《すいかんじ》 天台寺門宗

〒520-0036 滋賀県大津市園城寺町246(三井寺山内) 電話077(522)2238(園城寺事務所) (524)2416(西国札所)

本尊●薬師瑠璃光如来 開山●長吏明尊大僧正 開創年●長久元年（一〇四〇） 中興●長吏准三宮道澄大僧正（慶長六年＝一六〇一）

●御詠歌● なむやくし しょびょうなかれと ねがいつつ るりのくすりを あたえたまうぞ

別所のお薬師さん

水観寺は、園城寺（三井寺）五別所の一つです。

別所とは、平安時代以降、広く衆生を救済するため本境内の周辺に設けられた園城寺の別院で、当寺のほかに微妙寺、近松寺、尾蔵寺、常在寺があり、総称して「園城寺五別所」と呼ばれています。昭和五十九年（一九八四）、本堂が滋賀県指定有形文化財に指定され、全面解体修理されることとなり、現在の場所へ移築されました。

当寺の歴史は深く、長久元年（一〇二八）、明尊大僧正の開基と伝えられ、中世最盛期には築垣を周囲に回し東西に総門を構える大伽藍でした。

明尊大僧正は小野道風の孫に当たり、顕密の奥旨を究め、園城寺長吏、天台座主を務められ、本朝唯一の八宗総博士に任じられた平安仏教界を代表する高僧であります。

創建当初、ご本尊には十一面観音を祀っていましたが、文禄四年（一五九五）、豊臣秀吉による園城寺闕所の際に失われたようで、江戸時代以降は薬師堂の薬師如来をご本尊として現在に至っています。本尊薬師如来は、一切衆生を病気、災難から救済する仏さまとして、今も近隣の人々の信仰をあつめています。

園城寺は、一般的には三井寺の名で親しまれています。三井寺には絶えることのない霊泉が境内にあります。その霊泉が天智・天武・持統の三帝の産湯に使われて「御井《みい》の寺」と呼ばれるようになり、さらに中興の祖である智証大師円珍が三部灌頂の法水として用いたので、「三井寺」になったといわれています。

三井寺の広い境内には数多くの堂宇が存在し、壮大な伽藍を形成しています。また、観音堂は西国観音霊場の第十四番札所であり、参詣の人の跡が絶えません。

●主な年中行事　一月一日修正会　一月八日仁王会・寒中説法　二月節分尊星王星祭　三月・九月彼岸中日法要　四月八日灌仏会　五月十六日〜十八日千団子祭（鬼子母善神開帳）　七月二十二日本山採灯大護摩供　八月六日原爆犠牲者慰霊法要　八月十五日鐘供養・盆法要　十月二十九日智証大師御祥忌法要　十二月三十一日三井の晩鐘・除夜の鐘

●拝観料　大人五百円、中・高生三百円、小学生二百円。団体割引は三十名以上から。

祈りの心

水観寺

今の世は、新聞・テレビ・インターネットといった情報を伝える手段が発達し、大人が子どもを子どもが大人の命を奪うという、あまりにも悲しい出来事を毎日のように目にします。これはいかに世の中が荒み、我々の心が知らず知らずのうちに病に冒されているということだと思います。

「お薬師さん」との呼び名で親しまれる薬師瑠璃光如来は、「大医王仏」「医王善逝」という別名を持ち、我々の病気を癒し、平安を与えてくださる仏様です。「薬師瑠璃光如来本願功徳経」というお経のなかで十二の大願をたて、その七番目の願いに「病気のものも私の名号を一度聞けば、病が治り心身が安らかになる」と説かれています。私たちはその教えを守り心から手を合わせることで、毎日を心穏やかに過ごすことができるのです。

経済が発達し、物質的には豊かになりましたが、一方で、忙しさのあまり、神仏や先祖を敬い供養するという心、他の人を思いやるという心が蔑《ないがし》ろにされてはいませんか？

今こそ、「お薬師さん」の名号を唱えることで、われわれの心の病を治していただき、目を覚ますことが必要なのです。

道順

〈徒歩〉京阪電車石山坂本線の三井寺駅または別所駅下車、徒歩約5分。またはJR東海道線大津駅、湖西線西大津駅より京阪バスにて「三井寺」下車。タクシーの便あり。

〈自動車〉名神大津ICより161号線に入るか、国道1号線、湖西道路を利用。門前に大駐車場あり。

〈付近の名所〉比叡山延暦寺　石山寺　近江神宮　日吉神社　浮御堂

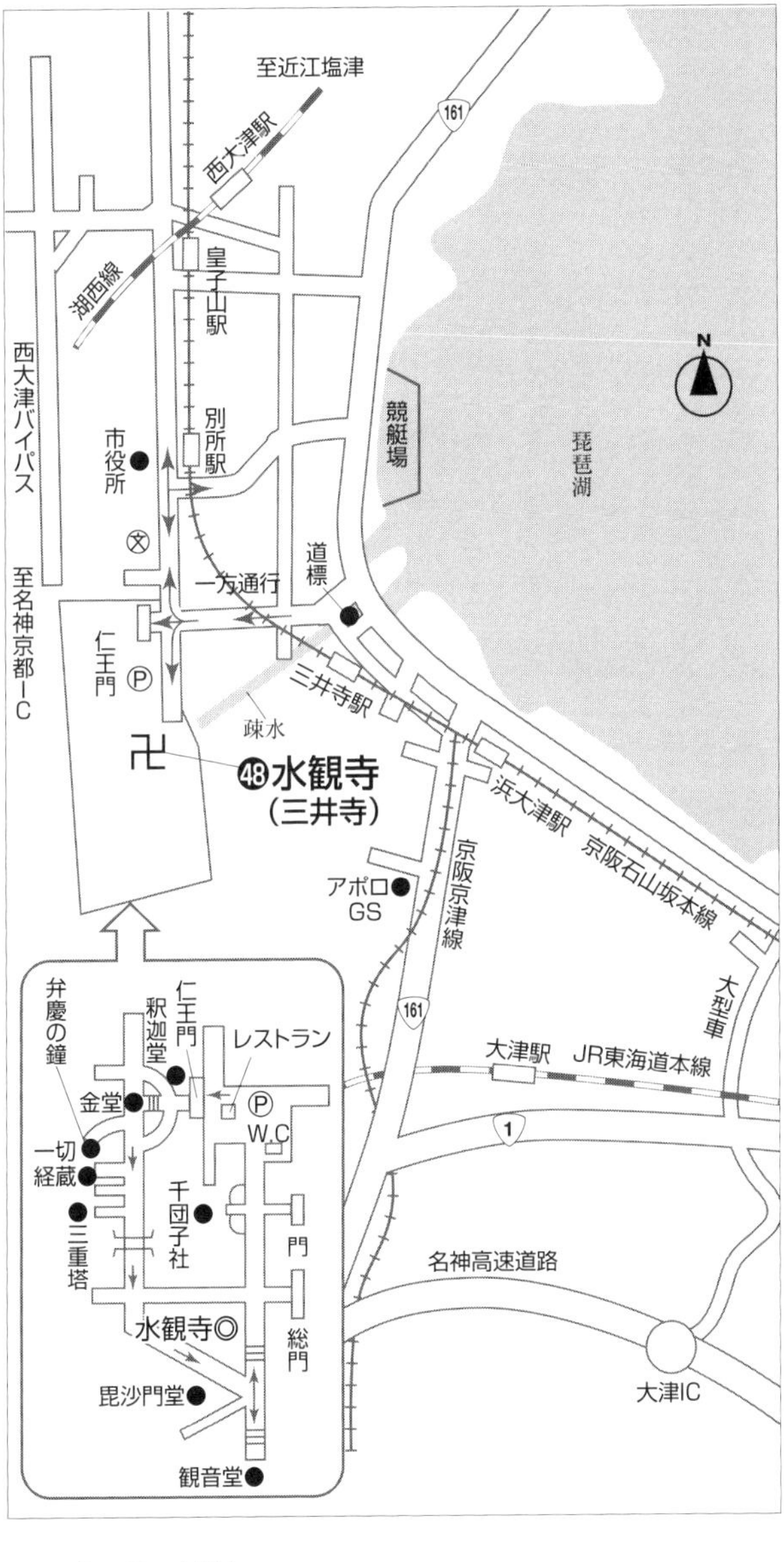

第49番　比叡山《ひえいざん》　延暦寺《えんりゃくじ》　天台宗総本山

〒520-0116　滋賀県大津市坂本本町4220　電話077(578)0001　http://www.hieizan.or.jp
本尊●薬師瑠璃光如来　開山●伝教大師最澄上人　開創年●延暦七年（七八八）
●御詠歌●あきらけく　のちの仏の　み世までも　光り伝へよ　法のともしび

日本仏教の母なる山

「世の中に山てふ山は多かれど山とは比叡のみ山とぞいう」慈円和尚

古くより「山」といえば「比叡山」と言われてきたこの山は、全国でも有数の古寺であります。平安時代初期、伝教大師最澄上人によって延暦年間（七八二～八〇五）に創建され、八二三年に朝廷より「延暦寺」の寺額を賜りました。延暦寺は比叡山全体が寺域であり、寺域すべてを総称して延暦寺と呼ばれます。延暦寺は鎮護国家の道場、国宝となる人材の養成を目的に開創されました。

延暦寺は東塔《とうどう》、西塔《さいとう》、横川《よかわ》の三塔（三つの地域）に分かれています。東塔は三塔の中心で、延暦寺の総本堂である国宝・根本中堂には伝教大師ご自作の薬師如来が祀られ、鎮護国家の道場として千二百年にわたって不断の御修法《みしほう》が行われています。また、大講堂、先祖回向を行う阿弥陀堂、延暦寺の国宝・重文等の宝物が拝観できる国宝殿、大黒堂、回峰行の本拠地で多くの信仰を集める無動寺明王堂など、重要な堂塔が集まっています。西塔は、山上では最も古い建物の釈迦堂を中心に、にない堂、椿堂、坐禅や写経等の修行体験ができる居士林研修道場などがあり、美しい中にも荘厳な雰囲気が漂っています。横川は、伝教大師の高弟・慈覚大師によって開創された横川中堂を中心に、おみくじ発祥の地で厄除のご利益で信仰を集める元三大師堂、僧侶の修行道場である行院など、昔日の面影を今に残す聖地であります。

比叡山の聖域である伝教大師御廟の浄土院では、戒律を厳格に守る侍真僧が宗祖の定めた十二年籠山を行いながら、ひたすら宗祖のご真影に侍り、落葉一枚残さない徹底した掃除がなされています。

比叡山では伝教大師の定めた籠山行を通じて千日回峰行、四種三昧など、現在もさまざまな修行が行われています。鎌倉時代には、法然上人、栄西禅師、道元禅師、日蓮聖人、親鸞聖人ら多くの祖師が、比叡山で「悉く仏性を有する」教えを学び、現在の日本仏教に大きな影響を与えました。この「山」は、「日本仏教の母山」と呼ばれ多くの信仰を集めています。

●主な年中行事　一月一日〜三日修正会　一月二十六日開宗記念法要　二月三日節分会　三月十三日比叡山大護摩供　三月彼岸春季彼岸会　四月四日〜十一日御修法大法　四月八日花まつり　四月二十日〜二十四日叡山講大法要　五月八日灌仏会　六月四日長講会　八月十六日盂蘭盆会　八月十七日〜十八日伝教大師ご誕生会　九月彼岸秋季彼岸会　十月二十三日〜二十四日天台大師報恩会　十一月二十四日天台大師御影供　毎月四日伝教講

●宿泊・休憩施設　宿坊延暦寺会館二百五十人収容、予約のこと（http://syukubo.jp）。

●拝観料　五百五十円

油断

延暦寺

伝教大師は延暦七年（七八八）に比叡山寺（一乗止観院、現在の根本中堂）を創建し、ご自作の薬師如来を本尊とされた。その御前に常灯明を灯されて「あきらけく後《のち》の佛《ほとけ》のみ代《よ》までも光つたへよ法《のり》のともしび」と詠ぜられた。伝教大師はお釈迦さまがお亡くなりになられてから、次に人々を救済する弥勒菩薩さまがお生まれになるまで、この灯火とともに仏のみ教えが守り伝えられることを願われたのである。

この灯火は現在根本中堂で大切に守り継がれ、「不滅の法灯」と呼ばれている。本尊薬師如来御前にある三基の灯籠の灯明は朝夕の二回、気を許すことなく、灯芯の手入れをして油が注がれている。

気を許すこと、注意をおこたることを「油断」という。この言葉は仏教から出た言葉で、異説はあるが「消してはならない仏前の灯の油を絶やしてしまう意味」と言われている。伝教大師が開かれた天台宗の法《おしえ》は、「不滅の法灯」を象徴として現在まで油断なく受け継がれている。

私たちの日常生活には大切な法《おしえ》がたくさんある。先人や親友や後人から学んだ教え、人との絆、自然のなかで生かされていること……。一人ひとり個性があるように、大切だと感じる教えはそれぞれちがうものである。それぞれが大切な法を過去に学び、現在に生かし、未来へ伝えて、日常生活や家庭のなかで油断なく灯火のように受け継いでいただきたい。

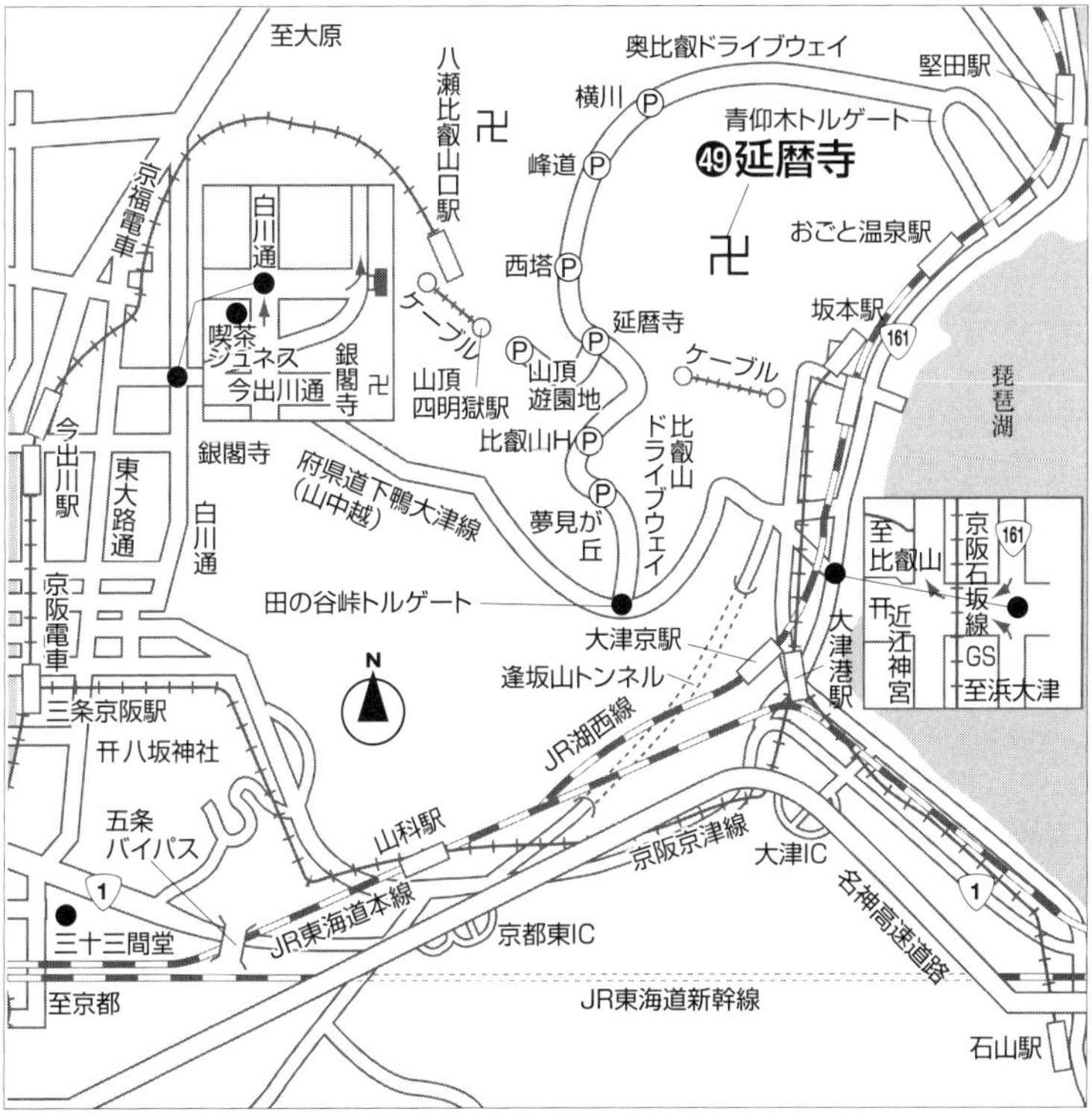

道順　〈徒歩〉ＪＲ京都駅または京阪三条駅から比叡山行バスで約1時間。

ＪＲ比叡山坂本からバスでケーブル坂本駅、または京阪石坂線坂本駅で下車し、ケーブルで延暦寺へ、そこから歩いて約600mで根本中堂に着く。京都八瀬からも行くことができる。

〈自動車〉名神大津ＩＣより国道161号線、または京都東ＩＣより西大津バイパスに入り近江神宮ランプより山中越、京都白川より山中越、比叡山ドライブウェイ（有料）で延暦寺へ。びわ湖大橋、堅田方面からは、奥比叡ドライブウェイ（有料）で延暦寺第一駐車場へ。駐車場完備、無料。比叡山頂と延暦寺・横川間はシャトルバスあり（冬期運休）。

〈付近の名所〉坂本・滋賀院門跡　日吉大社　三井寺　堅田の浮御堂

㊻	桑　實　寺	〒521-1321　滋賀県蒲生郡安土町桑実寺292 電話 0748（46）2560	天台宗
㊼	善　水　寺	〒520-3252　滋賀県湖南市岩根3518 電話 0748（72）3730	天台宗
㊽	水　観　寺	〒520-0036　滋賀県大津市園城寺町246（三井寺山内） 電話 077（522）2238	天台寺門宗
㊾	延　暦　寺	〒520-0116　滋賀県大津市坂本本町4220 電話 077（578）0001	天台宗

㉛ 総　持　寺	〒526-0831　滋賀県長浜市宮司町708 電話 0749（62）2543	真言宗豊山派
㉜ 西　明　寺	〒522-0254　滋賀県犬上郡甲良町池寺26 電話 0749（38）4008	天台宗
㉝ 石 薬 師 寺	〒513-0012　三重県鈴鹿市石薬師町1番地 電話 059（374）0394	真言宗
㉞ 四 天 王 寺	〒514-0004　三重県津市栄町1丁目147-2 電話 059（228）6797	曹洞宗
㉟ 神　宮　寺	〒519-2211　三重県多気郡多気町丹生3997 電話 0598（49）3001	真言宗山階派
㊱ 弥　勒　寺	〒518-0609　三重県名張市西田原2888 電話 0595（65）3563	真言宗豊山派
㊲ 浄 瑠 璃 寺	〒619-1135　京都府木津川市加茂町西小札場40 電話 0774（76）2390	真言律宗
㊳ 法　界　寺	〒601-1417　京都市伏見区日野西大道町19 電話 075（571）0024	真言宗醍醐派
㊴ 醍　醐　寺	〒601-1324　京都市伏見区醍醐伽藍町1 電話 075（571）0002	真言宗醍醐派
㊵ 雲　龍　院	〒605-0977　京都市東山区泉涌寺山内町36 電話 075（541）3916	真言宗泉涌寺派
㊶ 正　法　寺	〒610-1153　京都市西京区大原野南春日町1102 電話 075（331）0105	真言宗東寺派
㊷ 勝　持　寺	〒610-1153　京都市西京区大原野南春日町1194 電話 075（331）0601	天台宗
㊸ 神　蔵　寺	〒621-0033　京都府亀岡市 薭田野町佐伯岩谷ノ内院ノ芝60 電話 0771（23）5537	臨済宗妙心寺派
㊹ 神　護　寺	〒616-8292　京都市右京区梅ヶ畑高雄町5 電話 075（861）1769	高野山真言宗
㊺ 三千院門跡	〒601-1242　京都市左京区大原来迎院町540 電話 075（744）2531	天台宗

⑯	四天王寺	〒543-0051　大阪市天王寺区四天王寺1丁目11-18 電話 06（6771）0066	和宗
⑰	国分寺	〒531-0064　大阪市北区国分寺1丁目6-18 電話 06（6351）5637	真言宗国分寺派
⑱	久安寺	〒563-0011　大阪府池田市伏尾町697 電話 072（752）1857	高野山真言宗
⑲	昆陽寺	〒664-0026　兵庫県伊丹市寺本2-169 電話 072（781）6015	高野山真言宗
⑳	東光寺	〒662-0828　兵庫県西宮市門戸西町2-26 電話 0798（51）0268	高野山真言宗
㉑	花山院菩提寺	〒669-1505　兵庫県三田市尼寺352 電話 079（566）0125	真言宗
㉒	鶴林寺	〒675-0031　兵庫県加古川市加古川町北在家424 電話 079（454）7053	天台宗
㉓	斑鳩寺	〒671-1561　兵庫県揖保郡太子町鵤709 電話 079（276）0022	天台宗
㉔	神積寺	〒679-2205　兵庫県神崎郡福崎町東田原1891 電話 0790（22）0339	天台宗
㉕	達身寺	〒669-3626　兵庫県丹波市氷上町清住259 電話 0795（82）0762	曹洞宗
㉖	長安寺	〒620-0928　京都府福知山市奥野部577 電話 0773（22）8768	臨済宗南禅寺派
㉗	天寧寺	〒620-0077　京都府福知山市字大呂1474 電話 0773（33）3448	臨済宗妙心寺派
㉘	大乗寺	〒669-6545　兵庫県美方郡香美町香住区森860 電話 0796（36）0602	高野山真言宗
㉙	温泉寺	〒669-6101　兵庫県豊岡市城崎町湯島985 - 2 電話 0796（32）2669	高野山真言宗
㉚	多禰寺	〒625-0152　京都府舞鶴市字多禰寺346 電話 0773（68）0026	真言宗東寺派

西国薬師霊場一覧

①	薬　師　寺	〒630-8563　奈良市西ノ京町457 電話 0742（33）6001	法相宗
②	霊　山　寺	〒631-0052　奈良市中町3879 電話 0742（45）0081	霊山寺真言宗
③	般　若　寺	〒630-8102　奈良市般若寺町221 電話 0742（22）6287	真言律宗
④	興福寺東金堂	〒630-8213　奈良市登大路町48 電話 0742（22）7755	法相宗
⑤	元　興　寺	〒630-8392　奈良市中院町11 電話 0742（23）1377	真言律宗
⑥	新薬師寺	〒630-8301　奈良市高畑福井町1352 電話 0742（22）3736	華厳宗
⑦	久　米　寺	〒634-0063　奈良県橿原市久米町502 電話 0744（27）2470	真言宗御室派
⑧	室　生　寺	〒633-0421　奈良県宇陀市室生区室生78 電話 0745（93）2003	真言宗室生寺派
⑨	金　剛　寺	〒637-0036　奈良県五條市野原西3-2-14 電話 0747（23）2185	高野山真言宗
⑩	龍　泉　院	〒648-0211　和歌山県伊都郡高野町高野山647 電話 0736（56）2439	高野山真言宗
⑪	高　室　院	〒648-0211　和歌山県伊都郡高野町高野山599 電話 0736（56）2005	高野山真言宗
⑫	禅　林　寺	〒642-0028　和歌山県海南市幡川424 電話 073（482）1894	高野山真言宗
⑬	弘　川　寺	〒585-0022　大阪府南河内郡河南町弘川43 電話 0721（93）2814	真言宗醍醐派
⑭	野　中　寺	〒583-0871　大阪府羽曳野市野々上5-9-24 電話 0729（53）2248	高野山真言宗
⑮	家　原　寺	〒593-8304　大阪府堺市西区家原寺町1丁8番20号 電話 072（271）1505	高野山真言宗

㈱朱鷺書房の住所、電話番号が変更となります

新住所、電話番号

奈良県大和高田市片塩町8-10（〒635-0085）
電話 0745-49-0510　Fax 0745-49-0511

西国薬師霊場会事務局
大阪府河内長野市栄町 7-10-102 (〒586-0032)
電話 0721(56)2372　Fax 0721(56)7441

新版 西国《さいごく》四十九《しじゅうく》薬師《やくし》巡礼《じゅんれい》
2006年6月15日　第1版第1刷
2011年2月20日　第1版第3刷

著　者　西国薬師霊場会
発行者　嶝　牧夫
発行所　株式会社朱鷺書房
大阪市東淀川区西淡路1-1-9 (〒533-0031)
電話 06(6323)3297　Fax 06(6323)3340
振替 00980-1-3699
制　作　株式会社エルアンドエー
印刷所　モリモト印刷株式会社

定価はカバーに表示してあります。落丁・乱丁本はお取替えいたします。
ISBN4-88602-335-5　C0015　©2006
ホームページ http://www.tokishobo.co.jp